# C.H.BECK ◧ WISSEN

in der Beck'schen Reihe

Dieses Buch bietet einen anschaulichen und allgemeinverständlichen Überblick über die Geschichte des Landes Hessen von den mittelalterlichen Anfängen bis zur Gegenwart des nach dem Zweiten Weltkrieg neu geschaffenen Bundeslandes, das mit seiner Verfassung vom Dezember 1946 seine heutige Gestalt erhielt. Frank-Lothar Kroll schildert die reiche Geschichte Hessens von den römischen und chattischen Anfängen bis zum aktuellen politischen System und bietet ein weitgefächertes Panorama von Geschichte, Politik und Kultur dieses Landes in der Mitte Europas.

*Frank-Lothar Kroll*, Dr. phil., Jg. 1959, ist Professor für Europäische Geschichte des 19. und 20. Jahrhunderts an der Technischen Universität Chemnitz. Von ihm erschien bei C. H. Beck: Die Herrscher Sachsens (2004) und Preußens Herrscher (2006).

Frank-Lothar Kroll

# GESCHICHTE HESSENS

Verlag C. H. Beck

*Meinem Freund Hans-Christof Kraus*
*in alter Verbundenheit*

Mit 2 Karten

Originalausgabe
© Verlag C. H. Beck oHG, München 2006
Gesamtherstellung: Druckerei C. H. Beck, Nördlingen
Umschlagentwurf: Uwe Göbel, München
Printed in Germany
ISBN-10: 3 406 53606 9
ISBN-13: 978 3 406 53606 9

*www.beck.de*

# Inhalt

# Einleitung

Mit einem Gebietsumfang von 21 115 Quadratkilometern und einer Bevölkerungszahl von 6,1 Millionen Einwohnern zählt Hessen zu den mittelgroßen Ländern der Bundesrepublik Deutschland. Anders als etwa Bayern oder Sachsen kann Hessen nicht auf eine jahrhundertealte und im wesentlichen ungebrochene gesamtstaatliche Überlieferung zurückblicken. Seine aktuelle territoriale Gestalt hat es erst vor 60 Jahren erhalten – mit der Gründung des Landes «Groß-Hessen» durch die amerikanische Besatzungsmacht am 19. September 1945. Zuvor war der Raum zwischen Werra und Neckar, Lahn und Diemel, Main und Weser in verwaltungsmäßig voneinander getrennte Territorien eingeteilt – in Kurhessen und Hessen-Darmstadt, Nassau, Waldeck und Frankfurt am Main, die wiederum jedes für sich auf eine lange historische Entwicklung von relativer Eigenständigkeit zurückblicken konnten. Erbteilungen und dynastische Sonderinteressen, konfessioneller Zwist, kriegerische Auseinandersetzungen sowie die Interventionen und Begehrlichkeiten fremder Mächte haben dazu geführt, daß es im hessischen Raum – ohnehin eine Durchgangsregion – über die Jahrhunderte hinweg nicht zu einer einheitlichen Staatsbildung gekommen ist. Dieser Tatsache trägt die hier präsentierte «Geschichte Hessens» insofern Rechnung, als sie danach strebt, die territoriale Entwicklung und individuelle Prägung jener Gebiete im Blick zu behalten, aus denen sich nach 1945 das heutige Bundesland Hessen formierte.

Andererseits gab es, auch wenn der hessische Raum jahrhundertelang in eine Vielzahl kleinerer Staaten zerteilt gewesen ist, eine sehr bewußt erlebte «gemeinsame» Geschichte Hessens. Das galt nicht nur für die Zeit des Hochmittelalters, in der die Region zu den Kerngebieten des Reiches zählte, sondern auch für die Epoche der Herausbildung landesfürstlicher Territorialherrschaften während der Frühen Neuzeit, die das Territorium der Landgrafschaft Hessen als ungeteilte geographisch-politische Einheit sah und, zumindest ansatzweise, für die nassauischen Herrschaften eine durch den Calvinismus vorgegebene vergleichbare Entwicklungsrichtung erkennen ließ. In den darauffolgenden Jahrhunderten der «getrennten» Entwicklung, in denen sich vor allem die Kasseler und die Darmstädter Linie des Hauses Hessen voneinander fort bewegten, blieb gleichwohl ein veritabler Fundus gesamthessischer Traditionen erhalten, nicht zuletzt gespeist von kulturellen, konfessionellen und landsmannschaftlichen Identitäten. Insofern vermag auch eine Betrachterperspektive, welche die neuere Geschichte der einzelnen hessischen Territorien als eine Art Vorgeschichte des heutigen Bundeslandes Hessen wertet, durchaus eine gewisse Berechtigung für sich zu beanspruchen.

In diesem Spannungsfeld von «Einheit» und «Vielfalt», von gesamthessischen Ansprüchen und regionalen Bezugsfeldern bewegt sich der Argumentationsrahmen des hier vorgelegten Buches. Es skizziert in groben Umrissen Ereignisse, Gestalten und Probleme der politischen Geschichte Hessens – mit Schwerpunktsetzungen im dynastie-, verfassungs- und verwaltungsgeschichtlichen Bereich und unter besonderer Berücksichtigung der Herausbildung parlamentarisch-demokratischer Formen politischer Partizipation im 19. und 20. Jahrhundert. Daneben stehen Aspekte der hessischen Kultur-, Bildungs- und Wissenschaftsgeschichte, der Entwicklung von Religion und Konfession, von Wirtschaft und Gesellschaft und, nicht zuletzt, des Verhältnisses Hessens zu seinen Nachbarn in Deutschland und Europa im Mittelpunkt der Darlegungen.

Auf diese Weise entsteht das facettenreiche Bild einer deutschen Geschichtslandschaft, deren wechselvolle Geschehensvielfalt mit dem Reichtum landesspezifischer Eigenarten korrespondiert und von zahllosen prominenten Beobachtern immer wieder beschrieben worden ist. «Hessen», so urteilte das gebürtige Hanauer Landeskind Jacob Grimm 1812 im Blick auf seine damalige Kasseler Wirkungsstätte, «ist ein bergichtes, von großen Heerstraßen abseits liegendes und zunächst mit dem Ackerbau beschäftigtes Land. ... Ein gewisser Ernst, eine gesunde, tüchtige und tapfere Gesinnung, ..., die große und schöne Gestalt der Männer in den Gegenden, wo der eigentliche Sitz der Chatten war, haben sich auf die Art erhalten. ... Dann empfindet man auch, daß die zwar rauheren aber oft ausgezeichnet herrlichen Gegenden, wie eine gewisse Strenge und Dürftigkeit der Lebensweise, zu dem ganzen gehören» (Schnack, S. 12). Merklich anders als Jacob Grimm hatte dagegen nur wenige Jahre zuvor der Frankfurter Johann Wolfgang Goethe seine hessische Heimat beschrieben. Die Worte aus dem Versepos «Hermann und Dorothea» galten freilich nicht dem eher kargen Norden des Landes, sondern den unzweifelhaft lieblicheren südlichen Gefilden im Rheingau und an der Bergstraße: «Und nun ging ich heraus und sah die herrliche, weite Landschaft, die sich vor uns in fruchtbaren Hügeln umherschlingt, sah die goldene Frucht den Garben entgegen sich neigen und ein reichliches Obst uns volle Kammern versprechen» (IV, 77 ff.).

Solche gegensätzliche Einschätzungen, wie sie in den Worten Grimms und Goethes mit Blick auf ihren gemeinsamen Herkunftsraum zum Ausdruck kommen, markieren die Spannweite, innerhalb der sich Landschaft und Historie Hessens bewegen, und die auch dieses Buch auszumessen versucht. Sein Verfasser, weder in Hessen geboren noch dort lebend, hat die Geschichte des Landes aus der Perspektive dessen nachgezeichnet, der in der Entwicklung der Territorialstaaten ein zentrales Element deutscher und europäischer politischer Identitätsformung erblickt – ein Element, das die Vielfalt regionaler Ausdrucksmöglichkeiten ebenso bündelt, wie es deren gewachsene Traditionen eindrucksvoll widerspiegelt. Kaum ein Beobachter hat diesen Sachverhalt stimmungsvoller umschrieben als der Darmstädter Schriftsteller Kasimir Edschmid 1967 in einem literarischen Porträt seines Heimatlandes. Hessen habe, so meinte Edschmid damals, «in seinem Süden noch etwas vom Licht des Mittelmeeres, und im Norden spiegelt es schon herb die Farben, die auch über der Nordsee liegen. Und die Übergänge von einem Klima zum anderen, landschaftlich wie geistig, sind originell. ... Es sind kaum gegensätzlichere Landschaften vorstellbar, und dennoch umgibt sie eine besondere hessische Atmosphäre» (Edschmid, S. 11, 29).

Das Buch erscheint im Umfeld des Landesjubiläums anläßlich der 60 jährigen Wiederkehr der Gründung Hessens 1945 und der Verabschiedung seiner Verfassung 1946. Daran zu erinnern, dürfte nicht unpassend sein. Bei der Erstellung der Textvorlage und des Registers erfuhr der Verfasser maßgebliche Unterstützung und Hilfestellung von seinen Chemnitzer Mitarbeiterinnen Patricia Otto, Katja Rosenbaum, Annekathrin Lehmann und Kristin Lesch. Ihnen sei an diesem Ort ebenso nachdrücklich gedankt wie Dr. Claudia Althaus für die engagierte und wohlwollende Projektbegleitung seitens des Verlages.

# I. Ursprünge

## 1. Vor- und frühgeschichtliche Zeugnisse

*Steinzeit.* Die Anfänge menschlicher Lebensregungen auf dem
Gebiet des heutigen Landes Hessen bewegen sich im Dämmer-
licht der Vorgeschichte. Erste archäologische Zeugnisse stam-
men aus der Altsteinzeit (ca. 500000 v. Chr.). Fundplätze in der
stets eisfrei gebliebenen Wetterau und im Schwalm-Eder-Gebiet
belegen eine dort entwickelte Steinindustrie. Die Epoche der
Mittelsteinzeit (ca. 8000–5000 v. Chr.) war auch in Hessen
durch eine Jäger-, Fischer- und Sammlerexistenz der damals
dort lebenden Bewohner charakterisiert und ist durch Bodenfunde um Arolsen und Hofgeismar, im Vogelsberggebiet und im
Mündungsraum des Mains nachgewiesen. An ihrem Ende, im
Übergang zur Jungsteinzeit (ca. 5000–1800 v. Chr.), wandelte
sich die menschliche Lebensweise von unstetem Umherschwei-
fen zur Seßhaftigkeit, verbunden mit der Aufnahme von Ackerbau und Viehhaltung und mit der Anlage dorfartiger Siedlungen, die bereits feste Häuser und Höfe besaßen. Frühe Bauern-
kulturen dieser Art gab es auf hessischem Boden im unteren
Lahntal, im Rhein-Main-Gebiet, im Amöneburger Becken und
in der Gegend um Fritzlar. Das dort ergrabene Fundgut gehört
zur Gruppe der Bandkeramik, die ihren Namen den bandförmi-
gen Ornamenten der Tonkeramik verdankt. Alle steinzeitlichen
Entwicklungsetappen weisen die Region als einen Durchgangs-
raum im Schnittpunkt geographischer Linien aus, deren spezifische Beschaffenheit den Austausch von Personen, Gütern und
Gebräuchen außerordentlich begünstigte. Hessen hat diesen
Charakter eines Transitlandes über die Jahrtausende hinweg behalten. Man kann in ihm geradezu eine Grundbedingung der
hessischen Geschichte erblicken.

*Bronze- und Eisenzeit.* Die Bronzezeit (ca. 1800–750 v. Chr.) zeichnete sich in Süd- und Mittelhessen durch die Vorherrschaft der zwischen 1200 und 800 v. Chr. zu datierenden «Urnenfeldkultur» aus. Ihre Bezeichnung folgt dem damals vorherrschenden Bestattungsritus des Leichenbrands. Aufwendig angelegte und ausgestattete Fürstengräber enthielten zudem Waffen, Geschirr und Geräte aus Bronze, was Rückschlüsse auf eine bereits deutlicher ausgeprägte Differenzierung im sozialen Bereich zuläßt. Doch finden sich auch für das letzte vorchristliche Jahrtausend noch unbezweifelbare Zeugnisse, die auf die Praxis des Kannibalismus und des Menschenopfers verweisen. In der Eisenzeit (ca. 750–50 v. Chr.), der letzten Etappe hessischer Frühgeschichte, in der Bodenfunde das Nichtvorhandensein schriftlicher Quellen ersetzen müssen, dominierten erneut Körpergräber mit oftmals reichem Ringschmuck. Auch läßt sich nun die Bevorzugung befestigter Höhensiedlungen feststellen. Das verweist bereits auf den Anbruch einer neuen Epoche, deren Eigenart sich mit dem Namen der Kelten verbindet.

## 2. Kelten und Chatten

*Keltische Frühzeit.* Die Kelten etablierten im südwestlichen Hessen, im Rhein-Main-Gebiet, in der Wetterau und auf dem Glauberg während des 4. Jahrhunderts v. Chr. Elemente einer Hochkultur, die maßgebliche Neuerungen in der Region nach sich zog, besonders auf dem Feld der Goldschmiedekunst. Charakteristisch für die soziale Gliederung der keltischen Stämme war die herausgehobene Position ihres Fürstenstandes, wovon reichhaltig ausgestattete Wagen- und Reitergräber mit Goldschmuck, Waffen, Gerätschaften und Keramik zeugen. Belegt ist darüber hinaus die von den Kelten erstmals betriebene Nutzung warmer Quellen des Landes in Wiesbaden und Alzey. Wie weit die keltische Herrschaft in Hessen tatsächlich gereicht hat, ist indes umstritten. Denn während die Kelten den mittleren und südlichen Teil des Landes kontrollierten, traten ihnen von Norden her germanische Stämme entgegen, von denen die Chatten die bedeutendsten gewesen sind. Das zweite vorchristliche

Jahrhundert war ausgefüllt von chattisch-keltischen Auseinandersetzungen, in deren Gefolge die Kelten schließlich unterlagen. Weder ihre fortgeschrittene Kultur noch ihr eindringliches Bemühen um den Ausbau eines soliden Befestigungssystems mit zahlreichen Wällen und Burganlagen konnte diesen Untergang aufhalten.

*Die Chatten.* Man hat die Kelten gelegentlich als ein «fliehendes Volk» bezeichnet, das überall nichts weiter zurückließ, als die Spuren seiner Flucht. Nach ihrer Verdrängung während der letzten vorchristlichen Jahrzehnte setzten sich die Chatten in der niederhessischen Berg- und Hügellandschaft fest. Ihre Mittelpunkte lagen im Gebiet um Fulda, Eder und Lahn, aber auch im Raum von Kassel und Fritzlar sowie am Mittelrhein. Anfangs noch mit den stammesverwandten Cheruskern und Mattiakern verbündet, gelang es ihnen bald, beide auszuschalten, was wohl nicht zuletzt ihrem ausgesprochen kriegerischen Habitus zu verdanken sein mochte, den der römische Historiker Tacitus in seinen beiden Geschichtswerken, der «Germania» und den «Annales», als weithin dominierenden Charakterzug der Chatten herausgestellt hat. Dort werden sie als kampferprobter Menschenschlag geschildert, tatkräftig und abgehärtet, mit gedrungenem Gliederbau und unbeirrbarem Wagemut. «Auch im Frieden», so berichtete Tacitus (Germania 31,4–5), «mildert sich ihr Blick nicht zu freundlicherem Aussehen. Keiner hat Haus oder Acker noch sonst ein Geschäft; wo sie hinkommen, werden sie verköstigt, verschwenderisch mit fremdem Gut, Verächter eigenen Besitzes; bis endlich das marklose Alter sie so rauher Tapferkeit unfähig macht.» Die Hauptorte der Chatten, zugleich religiöse Zentren und Begräbnisplätze, waren Geismar, Metze und Gudensberg. Jedenfalls durften sie am Ende des 1. Jahrhunderts n. Chr. als das germanische Kernvolk der Region schlechthin gelten. Und in dieser Funktion waren sie auch die Hauptträger jener Abwehr- bzw. Angriffsfront, die sich seitens der Germanen gegen die wenige Jahrzehnte zuvor auf rechtsrheinischem Gebiet installierte römische Herrschaft herauszubilden begann.

## 3. Römische Herrschaft

*Eroberung und Herrschaftssicherung.* Römische Legionen
hatten im Jahr 10 v. Chr., ausgehend von ihrer befestigten Mili-
tärbasis Mogantiacum (Mainz), den Rhein überschritten und
damit erstmals den Boden des heutigen Landes Hessen betre-
ten. Ihr Ziel war der Ausbau einer «Provinz Germania», deren
Ostgrenze bis zur Elbe reichen sollte. Die Chatten waren die
ersten Gegner auf germanischer Seite, mit denen sich die Römer
auseinanderzusetzen hatten. Vielleicht war auch dies ein Grund
für deren vergleichsweise häufige Erwähnung in der römischen
Historiographie – bei Tacitus erschienen die Chatten ebenso
wie bei Florus, Plinius und Strabo. Die römisch-chattischen
Kämpfe zogen sich durch die gesamte Kaiserzeit. Dabei gelang
den Eroberern aus dem Süden in den folgenden Jahrzehnten die
Ausweitung ihres rechtsrheinischen Macht- und Einflußgebiets
und dessen Absicherung durch den Bau von Kastellen in Wiesbaden, Hofheim und Friedberg, dem nördlichsten Vorposten
Roms in Hessen. Als bekanntestes römisches Kastell gilt die
Saalburg, unweit von Bad Homburg gelegen, die ihre Rekon-
struktion im Säkularjahr 1900 dem imperialen Selbstverständnis Kaiser Wilhelms II. verdankte. Angesichts ständiger Zusam-
menstöße mit den Chatten begannen die Römer im Jahr 83
n. Chr. mit der Errichtung einer befestigten und überwachten
Schutzanlage, dem obergermanischen *Limes.* Zunächst nur ein
gerodeter Grenzweg, vorzugsweise auf den Kämmen der Berge,
mit weiter Aussicht auf das unruhige und unbefriedete chatti-
sche Hinterland, entwickelte sich der Limes zu einer der bedeutendsten und wirkungsmächtigsten Kulturgrenzen in der europäischen Geschichte.

*Römische Zivilisationsleistungen.* Hessen wurde durch den Limes zweigeteilt, Südhessen war nun römisches Reichsgebiet. Im
Schutz des Limes vollzog sich eine Romanisierung des eroberten
Landes, der Provinz «Germania superior», Ober-Germanien,
mit der Provinzhauptstadt Mainz (Mogantiacum). Zahlreich
waren die von den Römern getroffenen verwaltungsmäßigen,

städtebaulichen und infrastrukturellen Maßnahmen. Das Territorium der Provinz wurde in *civitates* eingeteilt, das waren Stammesgemeinden bzw. Gebietskörperschaften mit eigenständiger Zivilverwaltung. Auf hessischem Boden gab es davon drei: «civitas Taunensium» (Hauptort: Nida, heute: Frankfurt-Heddernheim), «civitas Mattiacorum» (Hauptort: Wiesbaden), «civitas Audeniensium» (Hauptort: Dieburg). Alle Bewohner der Provinz Ober-Germanien waren steuerpflichtig, doch profitierten sie zugleich von den landespflegerischen Aktivitäten der römischen Verwaltung, die überall das Lateinische als Umgangssprache einführte. Feste Straßen wurden ebenso angelegt wie steinerne Brücken, beides diente der Förderung des Handelsverkehrs und der Aktivierung wirtschaftlicher Mobilität. Es entstanden zahlreiche Gutshöfe *(villae rusticae)*, die mit ihren Agrarprodukten die in stadtartigen Siedlungen lebende Bevölkerung versorgten. In Wiesbaden, Bad Nauheim und Bad Vilbel gab es Heilthermen und Gasthäuser. Brunnen und Aquädukte sorgten für die Wasserzufuhr, Ackerbau und Viehzucht zogen Gewinn aus der Einführung bisher unbekannter Obstsorten, Haustierrassen und Gerätschaften, und auch den Weinbau brachten die Römer mit an den Rhein.

*Römisch-germanische Auseinandersetzungen.* All das waren Kulturleistungen, die sich untrennbar mit der rund 400 Jahre währenden Römerherrschaft im südlichen Hessen verbanden. Doch sie waren zu keiner Zeit ungefährdet. Denn die nördlich des Limes lebenden Chatten standen außerhalb des römischen Herrschaftsbereichs und bedrohten immer wieder die stark gesicherte Reichsgrenze. Mehrfach fielen sie in das Hinterland des Limes ein, konnten jedoch zunächst zurückgeschlagen werden. Erst dem seit Anfang des 3. Jahrhunderts in Hessen auftauchenden neuen germanischen Stammesverband der *Alamannen* gelang um das Jahr 260 der Durchbruch durch den Limes. Die Römer gaben daraufhin die rechtsrheinischen Teile ihrer Provinz Ober-Germanien (nun: «freies Germanien») auf und reorganisierten deren linksrheinischen Rest als «germania prima», Hauptstadt blieb weiterhin Mainz. Starke Befestigungsanlagen

am Rhein sorgten dafür, daß sie sich dort noch etwa ein Jahrhundert lang zu halten vermochten. Doch häuften sich nun zusehends die Alamanneneinfälle auch links des Rheins, nach dem
Jahr 400 brach die römische Verteidigungslinie endgültig zusammen – wenig später verließen die letzten im römischen
Dienst stehenden Truppen das Land. Nachgewirkt freilich hat
die Herrschaft der Römer im hessischen Raum noch sehr lange
Zeit. Die Limesgrenze, die das Römerreich von den Stammes-
und Siedlungsgebieten der Chatten schied, begründete eine mehr
oder weniger sichtbare Zweiteilung Hessens in eine nördliche
und eine südliche Hälfte. Der Süden um Rhein und Main hatte
durch die Römer eine deutlich andere Prägung erhalten als der
Norden, der niemals von Rom beherrscht worden war.

## II. Hessen im Mittelalter

### 1. Fränkische Herrschaft und Christianisierung

*Landnahme durch die Franken.* Von den germanischen Stämmen aus dem Norden, die im Gefolge der Völkerwanderung in Bewegung geraten waren und nach Überschreiten der Rheingrenze in den Gebieten der ehemals römischen Provinzen ihre Reiche gründeten, waren es nun allerdings weder die Alamannen noch die Chatten, sondern die *Franken,* die in den folgenden Jahrhunderten zur bestimmenden politischen Macht in Hessen werden sollten. Letztmalig mit Sicherheit genannt wurden die Chatten im Jahr 213 von dem römischen Historiker Cassius Dio. Danach verschwanden sie aus der geschichtlichen Überlieferung. Man geht davon aus, daß der weitaus größere Stammesverband der Franken sie aufgenommen hat. Anders als in Bayern, Sachsen oder Schwaben ist es in Hessen dabei nicht zur Herausbildung eines eigenen Stammesherzogtums gekommen. Der Name *Hessi* (oder *Hassi*) taucht in den Quellen erstmals im Jahr 738 auf und bezeichnet dort, in einem Schreiben Papst Gregors III., einen Unterstamm (*populus Hassiorum*) des neuen Reichsvolkes der Franken. Diese hatten seit Ende des 5. Jahrhunderts von Westen her das Lahngebiet und Mittelhessen bis zur Wetterau besiedelt und damit begonnen, die Alamannen nach Süden zu verdrängen. Seitdem war Hessen in das Frankenreich einbezogen. Dabei wurde der Süden der Region früher und stärker von der fränkischen Herrschaft erfaßt als der Norden.

*Kulturleistungen des Christentums.* Dies galt auch für die Einführung des Christentums, das sich zunächst im südlichen Teil des heutigen Hessen etablierte. Christliche Gemeinden ließen sich dort, auf linksrheinischem Gebiet, bereits in spätrömischer Zeit nachweisen. Es waren vor allem Kaufleute und Soldaten, die den neuen Glauben – neben anderen religiösen Kulten ägyptischer oder persischer Prägung – ins Land brachten. Ausgehend von den frühen Bischofssitzen Mainz, Trier und Worms, verbreitete sich die christliche Lehre im Rhein-Main-Gebiet und in der Wetterau, im Odenwald und im Lahntal. Seit dem 6. Jahrhundert erfolgte die christliche Missionierung auch über den Rhein hinweg nach Osten und Nordosten. Von entscheidender Bedeutung für die dauerhafte Durchsetzung des Christentums im hessischen Raum war die Tatsache, daß die neue Lehre rasch Eingang in die führenden Schichten des Fränkischen Reiches fand. Seit der Taufe König Chlodwigs I. aus dem Haus der Merowinger – eines brutalen Raubmörders – im Jahr 498 konnte sich die christliche Missionsarbeit auf den Schutz der staatlichen Macht und auf die Unterstützung des christlich gewordenen fränkischen Adels verlassen.

Die christliche Missionierung der alten chattischen Stammlande Nordhessens war auch eines der Hauptanliegen des Benediktinermönchs und Kirchenreorganisators Winfried-Bonifatius (672/73–754). Der in England geborene spätere Bischof und wichtigste Repräsentant der iro-schottischen Mission war 721 erstmals ins Land gekommen und seitdem dort erfolgreich mit der Errichtung einer festen kirchlichen Infrastruktur beschäftigt, stets in enger Verbundenheit und Anlehnung an das fränkische Königtum. Bistümer, Pfarreien und Klöster wurden geschaffen, der heidnische Glaube geriet immer stärker in die Defensive. Als spektakulärste Aktion des 722 von Papst Gregor II. zum Missionsbischof geweihten Bonifatius gilt die Fällung der heidnischen Donareiche bei Geismar im Jahr 723.

Es waren vornehmlich die von Bonifatius gegründeten Klöster, die in den folgenden Jahrhunderten zu herausragenden Mittelpunkten nicht nur kirchlich-religiöser und politischer, sondern auch geistig-künstlerischer Aktivitäten geworden sind. Denn zur Ausbildung angehender Geistlicher und Missionare wurden den Klöstern Schulen angegliedert. Besonders das im Auftrag von Bonifatius 744 durch seinen Schüler Sturmius errichtete Kloster Fulda, in dem Bonifatius nach seinem Märtyrertod in Friesland 754 auch begraben wurde, entwickelte sich mit seiner Klosterschule zu einer der wichtigsten Pflegestätten christlichen Lebens und frommer Gelehrsamkeit auf hessischem Boden. Hier, in Fulda, erhielt Einhard, der spätere Vertraute und Biograph Karls des Großen, die Grundlagen seiner Erziehung. Und hier wirkte von 802 bis 842 der wohl berühmteste Gelehrte im Fränkischen Reich: Hrabanus Maurus (780–856), Verfasser grundlegender Schriften zur Klosterbildung und Autor einer jahrhundertelang gültigen Sammlung des Wissens seiner Zeit. In Fulda, doch auch in den benachbarten hessischen Klöstern Amöneburg (722), Fritzlar (734), Hersfeld (736), Büraburg (741) und Lorsch (764), wurden Werke des griechischen und römischen Altertums und Texte der Kirchenväter gesammelt, abgeschrieben und studiert, Bücher verwahrt und Handschriften illustriert, Goldschmiedearbeiten und Elfenbeinschnitzereien produziert sowie überhaupt durch das Bildungsstreben der frommen Mönche ein bedeutender Fundus an Wissen und Gelehrsamkeit tradiert. In der Hersfelder Klosterbibliothek wurde die einzige Handschrift der «Germania» des Tacitus für die Nachwelt gerettet. Mönche der Fuldaer Klosterschule zeichneten das «Hildebrandslied» auf, das dem frühen 9. Jahrhundert entstammte und als ältestes erhaltenes germanisches Heldenepos in altdeutscher Sprache gilt. Etwa zur gleichen Zeit hinterließ Einhard, der gelehrte Ratgeber und Geschichtsschreiber Karls des Großen, als Leiter der Abtei Seligenstadt mit der Lebensbeschreibung seines kaiserlichen Helden *(Vita Caroli Magni)* ein Meisterwerk mittellateinischer Prosa, das auf hessischem Boden entstanden ist und das Gebiet zwischen Fulda und Werra als frühmittelalterliche Kulturlandschaft von europäischem Rang ausweist. Solche und andere klösterliche Aktivitäten beförderten die kulturelle Angleichung des nordhessischen Raumes an den Süden nachhaltig.

Neben diesen monastischen Zentren wurden die Bischofssitze Mainz, Speyer, Trier und Worms zu Mittelpunkten geistigen Einflusses in der Region. Vor allem das 781 zum Erzbistum erhobene Mainz gewann hier rasch an Bedeutung – nicht nur als Motor der Christianisierung der Gebiete zwischen Odenwald, Spessart, Vogelsberg und Taunus, sondern auch als weltliche Territorialmacht mit weitreichenden und wachsenden politischen Herrschaftsansprüchen bis weit in den Thüringer Raum hinein.

*Karolinger, Rupertiner, Konradiner, Sachsen.* Im 8. Jahrhundert übernahm die Dynastie der Karolinger die Macht im Frankenreich von den schwach gewordenen und zusehends degenerierenden Merowingern. Hessen, insbesondere das Rhein-Main-Gebiet, wurde nun zu einem Kernland des Fränkischen Imperiums. Sichtbarer Ausdruck dieser neu gewonnenen Bedeutung war die Gründung der Kaiserpfalz Franconofurt (Frankfurt). Der überaus verkehrsgünstig gelegene Ort, Schnittpunkt alter mitteleuropäischer Handelswege und Durchgangsstraßen, wurde erstmals 793/94 im Zusammenhang mit Aufenthalten und einer Reichsversammlung Karls des Großen urkundlich erwähnt und wuchs rasch zu einem Zentrum karolingischer Königsherrschaft heran.

Als deren Grundlage diente das bereits unter den Merowingern entstandene Reichsgut – fränkische Königshöfe, Wirtschaftsgüter und zunehmend auch städtische Anlagen, die zum Teil ausgedehnten Grundbesitz besaßen und sich bis ins Hochmittelalter zu zentralen Orten der Ausübung der Reichsgewalt in Hessen entwickelten. Zur Verwaltung dieser königlichen Besitzungen setzten die Frankenherrscher Grafen (Gaugrafen) ein, die zumeist kriegerisch erprobten Adelsgeschlechtern entstammten. Ihnen oblag die Rechtsprechung, die Erhebung der Abgaben und das militärische Kommando in ihren Amtsbezirken. Mit zunehmendem Niedergang der karolingischen Dynastie gewannen vor allem die gräflichen Adelsfamilien im Lahnraum Macht und Einfluß – zunächst die *Rupertiner,* dann die *Konradiner*, deren Haupt im Jahr 911 als Konrad I. (911–918) zum deutschen (= ostfränkischen) König erhoben wurde. Nach dessen Tod wählten die bisher miteinander konkurrierenden Franken und Sachsen 919 in Fritzlar, dem Zentrum des alten chattisch-hessischen Stammesgebiets, den Sachsenherzog Heinrich I. (919–936), den Hauptkontrahenten seines fränkischen Vorgängers Konrad, zum deutschen König. Für dessen Sohn und Nachfolger Otto I. (936–973) wiederum («der Große») wurde

Hessen das wichtigste Verbindungsglied zum Machtbereich des sächsischen Kaiserhauses an Mittel- und Oberrhein.

## 2. Auf dem Weg zur Landesherrschaft

*Reichsland der Staufer.* Die territoriale Gemengelage Hessens im 12. und 13. Jahrhundert blieb unübersichtlich. Auf die Sachsenkönige folgten die salischen und staufischen Herrscher. Vor allem die Staufer waren darum bemüht, ihre Macht durch Vermehrung des Reichsguts zu sichern, im Süden des Landes, besonders im Rhein-Main-Gebiet und in der Wetterau, Städte für sich zu gewinnen und dort eigene Territorien aufzubauen, sogenannte «Reichsländer». Frankfurt am Main war schon damals einer der wichtigsten Handels- und Wirtschaftsmittelpunkte des Reiches. Die dort seit 1150 nachweisbare Herbstmesse (erste Buchmesse: 1480) wurde 1240 durch Kaiser Friedrich II. privilegiert, seither standen die Frankfurter Messen und deren Besucher unter kaiserlichem Schutz. Die so begünstigte Stadt wurde zu einem der treuesten Verbündeten der Staufer. Auch politisch gewann Frankfurt damals eine Schlüsselstellung im südwestlichen Hessen. Es wurde (erstmals 1147) Ort der deutschen Königswahl (seit 1356 in der «Goldenen Bulle» rechtlich fixiert), später (seit 1562) zugleich Krönungsort. Doch nicht nur Frankfurt, sondern auch andere Reichsstädte wie Gelnhausen, Wetzlar oder Friedberg dienten als Stützpunkte und Fundamente staufischer Königsmacht. Die Wetterau wurde zum königlichen Reichsland schlechthin.

*Juden in Hessen.* Dort, vornehmlich entlang der großen Handelswege, waren seit dem Hohen Mittelalter auch die ersten jüdischen Gemeinden in Hessen nachweisbar. Es war für die hessischen Verhältnisse charakteristisch, daß Juden hier nicht nur, wie andernorts, in den großen Städten lebten, etwa in Worms oder in Friedberg, in Wetzlar, Fulda oder in Frankfurt am Main. Hessen hatte darüber hinaus einen traditionell hohen Anteil an jüdischer Landbevölkerung, den höchsten aller deutschen Territorien überhaupt. Sie wohnte im Vogelsberggebiet ebenso wie in der Wetterau, im Odenwald und im Fuldaer Raum, wo sich Hinweise auf ländliche Judengemeinden bereits im 13. Jahrhundert fanden. Rechtlich standen die hessischen Juden im Mittelalter unter der Obhut der römisch-deutschen Könige und Kaiser, die ihnen gegen hohe Steuerzahlungen Schutz gewährten. Dadurch konnte freilich nicht verhindert werden, daß die jüdischen Einwohner der größeren Städte Hessens, in denen ihnen abgegrenzte Stadtteile («Ghettos», in Frankfurt seit 1462) zugewiesen wurden, immer wieder Opfer antisemitischer Ausschreitungen geworden sind – etwa 1096 während des Ersten Kreuzzugs, oder anläßlich der großen Pestepidemie 1348/49, oder – Jahrhunderte später – während des «Fettmilch-Aufstands» 1614, in dessen Gefolge die Frankfurter Juden für die Unzufriedenheit der Zünfte mit den Stadtvätern die Zeche zahlen mußten und vom Mob der Stadt unter Führung des Bäckers Vincenz Fettmilch massakriert wurden. Diese Gewalttat wurde allerdings umgehend von einem kaiserlichen Gericht gesühnt.

*Territoriale Herrschaftsbildungen.* Die staufische Städte- und Territorialpolitik in Südhessen stieß seit der zweiten Hälfte des 12. Jahrhunderts auf zunehmend mächtiger werdende Widersacher. Einer wachsenden Zahl adliger Geschlechter gelang es immer häufiger, ihre gräflichen Befugnisse durch Hinzugewinn der Markt-, Zoll- und Münzrechte zu erweitern und aus den ihnen zugewiesenen Machtbereichen eigene Herrschaftsgebilde zu formen. Die Grafschaften verloren ihren Amtscharakter und wurden erblich. Auf diese Weise vermochten die Grafen von Nassau und von Katzenelnbogen, von Ziegenhain und von Diez ansehnliche Territorialherrschaften aufzubauen. Die Herren von Hanau, von Eppstein und von Büdingen taten es ihnen in bescheidenerem Umfang gleich. Im frühen 13. Jahrhundert entstand dabei auch jenes staatliche Gebilde, das sich als einziges aus diesem Umfeld über einen Zeitraum von 800 Jahren bis ins frühe 20. Jahrhundert hinein zu erhalten vermochte: die Grafschaft Waldeck (Fürstentum seit 1712).

Für die weitere Entwicklung der Region waren indes nicht diese eher kleineren weltlichen Territorialgewalten ausschlaggebend, sondern zwei andere Herrschaftsbildungen, deren Besitzungen damals weit über Hessen hinausreichten: das Erzbistum Mainz und die Landgrafschaft Hessen-Thüringen. Die Erzbischöfe von Mainz als mächtigste und angesehenste Kirchenfürsten des Reiches geboten über die größte Kirchenprovinz außerhalb Italiens. Ihr weltliches Herrschaftsterritorium erstreckte sich nicht nur über ihr geistliches Jurisdiktionsgebiet, sondern bis nach Nordhessen und Thüringen, in den Rheingau, den Spessart und den Taunus. Im 13. Jahrhundert kamen Teile des Odenwalds und der Bergstraße hinzu. Kontinuierlich strebten die Mainzer Erzbischöfe nach einer Erweiterung und Abrundung ihrer räumlich unzusammenhängenden weltlichen Machtbasis in Hessen. Sie gerieten damit in Konkurrenz zum thüringischen Landgrafenhaus der *Ludowinger,* die sich in Nordhessen durch Erbschaft und Heirat ansehnliche Herrschaftsrechte verschafft hatten. 1122 konnten sie die bisher von der Familie der Gisonen regierte Grafschaft Oberhessen (Hauptort: Marburg) und im gleichen Jahr die zuletzt von der Familie der Werner innegehaltene Grafschaft Niederhessen (Hauptort: Kassel) in ihren Besitz bringen. Die Landgrafschaft der Ludowinger reichte damit – unterbrochen durch fremden Territorialbesitz – vom Rothaargebirge und vom Dilltal bis zur Saale. In den Urkunden der ludowingischen Landgrafen fand sich am Ende des 12. Jahrhunderts erstmals die neue Bezeichnung *terra Hassia* («Land Hessen»). Der sich aus dieser machtpolitischen Konstellation des frühen 12. Jahrhunderts ergebende Dauerkonflikt zwischen den Mainzer Erzbischöfen und den Landgrafen von Hessen-Thüringen um die Vorherrschaft im Gebiet zwischen Rhein und Weser konnte endgültig erst nach schweren militärischen Niederlagen des Mainzer Erzbischofs in den Schlachten bei Fritzlar und bei Fulda 1427 zu Gunsten des landgräflichen Hauses der Ludowinger entschieden werden.

*Hessisch-thüringische Verbindung.* Die länger als ein Jahrhundert, von 1122 bis 1247 dauernde Herrschaft der Thüringer Landgrafen über Ober- und Niederhessen war in erster Linie durch eine erfolgreiche Städtegründungspolitik geprägt. Mar-

burg wurde Mittelpunkt einer neuorganisierten Territorialverwaltung und war überdies Aufenthaltsort der Landgrafenwitwe
Elisabeth von Thüringen (1207–1231), deren Wirken den Höhepunkt der gemeinsamen hessisch-thüringischen Geschichte
markierte. Geboren als ungarische Königstochter, war Elisabeth
als Gattin Landgraf Ludwigs IV. von Hessen-Thüringen an den
Eisenacher Hof gekommen und hatte dort ihre hochadlige Umgebung brüskiert, indem sie ihren Schmuck verschenkte, Aussätzige wusch und Lumpen trug. Nach dem Tod ihres Gatten
ging sie 1228 nach Marburg, in den hessischen Landesteil Thüringens. Dort gründete sie ein Hospital, durchbrach in radikaler
Hinwendung zum damals neu aufkommenden, durch Franz von
Assisi verbreiteten Frömmigkeitsideal konsequenter Christusnachfolge endgültig alle Schranken fürstlicher Standesgebundenheit und verzehrte sich im Dienst an Armen, Kranken und
Ausgestoßenen. Das bis dahin unerhörte Beispiel der bettelnden
Existenz einer Fürstin, die auf allen weltlichen Glanz zu Gunsten karitativer Tätigkeit verzichtete, machte Schule und bewog
zahlreiche gleichgesinnte Frauen aus sozial höhergestellten
Schichten zu einem der Nächstenliebe und aufopfervoller
Barmherzigkeit gewidmeten Lebenswandel in Demut und Armut.

### 3. Vom mittelalterlichen Territorium zum dynastischen Fürstenstaat

*Die Gründung Hessens.* Schon vier Jahre nach ihrem Tod –
Elisabeth starb 1231, im Alter von erst 24 Jahren, körperlich
aufgerieben durch Entbehrungen, Kasteiungen und, nicht zuletzt, durch Schikanen und Quälereien ihres Beichtvaters Konrad von Marburg, eines perversen Sadisten – wurde Elisabeth
1235 heiliggesprochen und genoß in den nachfolgenden Jahrhunderten außerordentliche Verehrung in allen Bevölkerungsschichten, weit über die hessischen Grenzen hinaus. Zugleich
wurde sie zur postumen Begründerin der Dynastie der Landgrafen von Hessen. Mit dem Tod ihres Schwagers Heinrich Raspe,
der von der päpstlichen Partei als deutscher Gegenkönig gegen
den Staufer Konrad IV. aufgestellt worden war, erlosch 1247

das ludowingische Landgrafenhaus im Mannesstamm. Damit begann ein erbittert geführter Kampf um das hessische Erbe. Protagonisten dieser Auseinandersetzung waren der wettinische Markgraf von Meißen Heinrich der Erlauchte, der Erzbischof von Mainz Siegfried III. von Eppstein und die Nichte des verstorbenen Landgrafen Heinrich Raspe, Herzogin Sophie von Brabant (1224–1275) – die Tochter der Heiligen Elisabeth. Nicht zuletzt unter Berufung auf ihre allseits verehrte Mutter gelang es Sophie von Brabant, den Thronstreit für sich zu entscheiden, indem sie ihren erst 1244 geborenen Sohn Heinrich 1247 von der Ritterschaft und den Bürgern der Städte Hessens in Marburg kurzerhand zum neuen Landgrafen Heinrich I. ausrufen ließ. Dieser kühne Schritt der mutigen und machtbewußten Frau begründete die territoriale Selbständigkeit des Landes Hessen. Zwar wurde der hessisch-thüringische Erbfolgekrieg vertraglich erst 1263/64 endgültig beendet. Doch Landgraf Heinrich I., «das Kind von Hessen» († 1308), behauptete sich in seinem ihm von der Mutter erstrittenen Besitz. 1292 wurde er durch König Adolf von Nassau in den erblichen Reichsfürstenstand erhoben, 1373 erfolgte die Anerkennung des Territoriums als Reichslehen. Das Haus Brabant regierte in Hessen bis zum Ende des Ersten Weltkriegs.

*Nassau.* Mit alledem war das Landgrafenhaus endgültig als führende Macht vor allen anderen gräflichen Geschlechtern in Hessen etabliert. Denn der einzige ernsthafte Konkurrent, die im Raum zwischen Sieg, Lahn, Rhein und Main, im Westerwald und im Taunus begüterten Grafen von Nassau (seit 1160), versank zunehmend in politische Bedeutungslosigkeit, weil das nassauische Herrschaftsgebiet seit 1255 in immer neue Nebenlinien erbrechtlich aufgeteilt wurde. Die walramische Linie südlich der Lahn zerfiel in die Linien Nassau-Ottweiler, Nassau-Saarbrücken, Nassau-Usingen, Nassau-Weilburg und Nassau-Idstein-Wiesbaden. Die ottonische Linie nördlich der Lahn bestand aus den Linien Nassau-Siegen, Nassau-Herborn, Nassau-Hadamar, Nassau-Dillenburg und Nassau-Beilstein, später kamen noch die Linien Nassau-Oranien und Nassau-Diez hinzu. Zeitweise, im 17. Jahrhundert, existierten nicht weniger als zehn nassauische Grafschaften nebeneinander.

*Konsolidierung der Landgrafschaft.* Sinnfälliger Ausdruck der neu errungenen Machtstellung des Hauses Hessen wurden in den folgenden Jahrzehnten der Ausbau der Marburger Burg zum landgräflichen Schloß sowie die dortige Elisabethkirche, die der Deutsche Orden in fast 50jähriger Bauzeit, zwischen 1235 und 1283, über dem Grab der Heiligen Elisabeth errichten ließ. Die Elisabethkirche kann für sich den Ruhm des ersten frühgotischen Gotteshauses rechts des Rheins beanspruchen. Mit ihren jeweils gleich hoch konstruierten Mittel- und Seitenschiffen fand das System der Hallenkirche weit über Hessen hinaus Verbreitung. Marburg war damit eine zeitlang das politische und ideelle Zentrum des Landes, bevor dann (ab 1277) der Aufstieg Kassels zur fürstlichen Residenz der alten Stadt an der Lahn den Rang ablief.

Entscheidende Schritte zur gebietsmäßigen Konsolidierung und Abrundung der Landgrafschaft Hessen bildeten die Erwerbung der Grafschaft Ziegenhain (durch Erbschaft) 1450, welche eine Landverbindung zwischen den bis dahin räumlich voneinander getrennten Gebietsteilen Niederhessen (Kassel) und Oberhessen (Marburg) schuf, sowie die Übernahme der Grafschaft Katzenelnbogen (durch Heirat) 1479. Die Grafen von Katzenelnbogen (nachweisbar seit 1060, Grafentitel seit 1138) hatten ihre umfänglichen Besitzungen zwischen Taunus, Lahn und Rhein durch Etablierung einer gut funktionierenden Verwaltung und durch herausragende kulturelle Aktivitäten ihres Hofes (Burgenbau, Förderung des Minnesangs, Turnierspiele) zu einer der angesehensten Territorialmächte des spätmittelalterlichen Deutschen Reiches ausgebaut. Der Anfall der Grafschaft Katzenelnbogen verlieh der Landgrafschaft eine neue territorialpolitische Entwicklungsrichtung nach Südwesten, zum Mittelrhein hin, welche die Geschichte Hessens seitdem entscheidend mitbestimmen sollte. Mit den bisher katzenelnbogischen Gebieten um St. Goar, Darmstadt, Rüsselsheim und Groß-Gerau gewannen die hessischen Landgrafen nicht nur bevölkerungsreiche Außenposten nahe der Freien Reichsstadt Frankfurt am Main und unmittelbar vor den Toren des alten machtpolitischen Rivalen Mainz, wo übrigens wenige Jahre zuvor (1445) der rheinhessische Goldschmied Johannes Gutenberg (1397–1468) durch die Erfindung des Buchdrucks mit beweglichen Lettern die Revolutionierung des Leseverhaltens eingeleitet hatte. Die Katzenelnbogener Erbschaft brachte darüber hinaus auch Reichtum und Wohlstand nach Hessen, denn die Grafen von Katzenelnbogen verwalteten exklusiv den Rheinzoll südlich des Mains und waren damit Inhaber lukrativer Geldquellen, die nun die landgräflichen Kassen füllten. Es war nicht zuletzt diese finanzielle Basis, die der kurzzeitigen politischen Führungsrolle Hessens im Kreis der evangelischen Mächte des Heiligen Römischen Reiches während des Zeitalters der Reformation Vorschub leistete.

## III. Reformation, Absolutismus, Aufklärung

### 1. Aufstieg und Niedergang im 16. Jahrhundert

*Philipp der Großmütige und die Reformation.* Die beherrschende Gestalt Hessens im Reformationszeitalter war Landgraf Philipp der Großmütige (1504–1567). Unter ihm öffnete sich das Land als eines der ersten der Lehre Martin Luthers und gehörte für zwei Jahrzehnte, neben dem sächsisch-thüringischen Nachbarn, zu den Vorreitern der Reformation im mitteldeutschen Raum. 1518 als Dreizehnjähriger für mündig erklärt, schlug Philipp zunächst die Revolte der Ritterschaft um Franz von Sickingen (1481–1523) nieder (1522/23), unterdrückte danach die auf Hessen übergreifenden Unruhen des Bauernkriegs (1524/25) und näherte sich zugleich in einer ganz persönlichen Gewissensentscheidung dem Anliegen Martin Luthers, von dessen theologischer Wahrheit er zutiefst überzeugt war. 1526 setzte Philipp auf der *Homberger Synode* im Konsens mit den Landständen und mit Vertretern der Geistlichkeit einzelne evangelische Postulate um und leitete damit die Einführung der Reformation in Hessen ein. Die Auflösung des Vermögens der religiösen Stiftungen und der Klöster verschaffte ihm erhebliche zusätzliche Finanzmittel, die nicht nur für die Gründung der ersten Universität des Landes in Marburg, sondern auch zur Errichtung neuer Schulen, Hospitäler und wohltätiger Stiftungen verwendet wurden.

1529 trafen sich auf Einladung Philipps die führenden evangelischen Theologen, unter ihnen Luther, Melanchthon und Zwingli, in Marburg, um über eine gemeinsame reformatorische Bekenntnisformel zu beraten. Die angestrebte konfessionelle Einigung sollte als Grundlage für ein politisches Bündnis der Reformatoren gegen die Bedrohung durch Kaiser und Papst dienen. Doch dazu kam es nicht, da Luther und Zwingli in der für sie zentralen Frage nach dem Verständnis des Abendmahls keinen Kompromiß fanden. Nach dem Scheitern des *Marburger Religionsgespräches* betrieb Philipp den planmäßigen Aufbau einer neuen kirchlichen Ordnung, die in ihrer Ausrichtung eine Mittlerstellung zwischen Luther und seinen Kontrahenten im evangelischen Lager einnahm. 1538 berief er den Reformator Martin Bucer (1491–1551), der Hessen eine neue Kirchenordnung geben sollte. In ihr war die Gemeinde durch Kirchenälteste mit weitgehenden Rechten auch gegenüber den Pfarrern und mit Synoden und Generalsynoden für das ganze Land vertreten. Auch die Konfirmation wurde eingeführt – auf ausdrücklichen Wunsch des Landgrafen, der damit einem Anliegen der Täufer entgegenkommen wollte. Philipp bestimmte hinfort das Bekenntnis seiner Untertanen. Doch achtete er die Gewissensentscheidung des einzelnen, den er nicht durch Zwang, sondern durch Nachsicht und Belehrung zum evangelischen Glauben führen wollte. In der Landgrafschaft gewann die lutherische Lehre ebenso rasch an Boden wie in den benachbarten hessischen Territorien. Bis 1543 schlossen sich verschiedene nassauische Linien (Nassau-Weilburg, Nassau-Dillenburg, Nassau-Wiesbaden) dem evangelischen Glauben an, 1529 folgte Waldeck, ab 1525 Frankfurt am Main, 1544 die Freie Reichsstadt Wetzlar.

*Kampf und Niederlage.* Politisch trat Hessen, gemeinsam mit Kursachsen, an die Spitze der kirchlichen Reformbewegung. Philipp wurde treibende Kraft des von evangelischen Fürsten zum Schutz des neuen Glaubens 1531 geschlossenen *Defensivbündnisses von Schmalkalden.* Dann jedoch sank sein Stern ins Bodenlose. Nach der militärischen Niederlage der evangelischen Fürsten im Kampf gegen den auf Rekatholisierung drängenden Kaiser Karl V. 1546/47 geriet Philipp, wie auch sein engster Bundesgenosse, Kurfürst Johann Friedrich der Großmütige von Sachsen (1503–1554), in langjährige Gefangenschaft, aus der er erst 1552 auf Initiative seines Schwiegersohns, des Kurfürsten Moritz von Sachsen (1521–1553), wieder freikam. Schon zuvor war er durch eine 1540 geschlossene Nebenehe mit einer seiner Hofdamen als Bigamist ins Gerede gekommen. Widerwillig hatten die Reformatoren damals zu dieser Doppelehe ihre Zustim-

mung erteilt, was indes nicht verhindern konnte, daß Philipp
reichsgesetzlicher Strafverfolgung ausgesetzt war. Seine wohl
verhängnisvollste Entscheidung jedoch war die testamentarisch
verfügte Aufteilung der Landgrafschaft unter seinen vier Söh-
nen. Damit war Hessens eigenständige Rolle in der Reichspoli-
tik faktisch beendet – für immer.

## 2. Teilung und Landesausbau

*Der frühmoderne Fürstenstaat.* Nach der Erbteilung von
1567/68 zerfiel die Landgrafschaft zunächst in vier Teilherr-
schaften mit den Residenzen Kassel, Darmstadt, Marburg (bis
1604) und Rheinfels (bis 1583). Längerfristig blieben davon
Hessen-Kassel (bis 1866) und Hessen-Darmstadt (bis 1918) als
selbständige Fürstenstaaten bestehen. Im Vorfeld des Dreißigjährigen Krieges konfessionell entzweit – Hessen-Kassel war seit
1605 calvinistisch, Hessen-Darmstadt blieb lutherisch –, lebten
sich die beiden hessischen Hauptlinien zunehmend auseinander
und bekämpften sich nach 1618 erbittert.

Der innere Ausbau der noch ungeteilten Landgrafschaft zum
modernen fürstlichen Territorialstaat war freilich bereits im
späten 15. und im 16. Jahrhundert grundgelegt worden. Zu den
diesbezüglich eingeleiteten Maßnahmen zählten die Bündelung
der Landesverwaltung durch Ämter, Hofbeamte und eine lan-
desfürstliche Kanzlei, der Erlaß von Rechts- und Polizeiordnun-
gen, die Vereinheitlichung der Wirtschafts- und Finanzverwal-
tung, die Zentralisierung des Steuer- und Rechnungswesens
mittels Erstellung eines Staatsetats (Budget) sowie die Stärkung
der Staatsaufsicht in den Städten der Landgrafschaft. Mit alledem geriet der frühmoderne Fürstenstaat auch in Hessen in ein
latentes Spannungsverhältnis zu den Ständen des Landes, die
auf ihren periodisch einberufenen Landtagen gegenüber der
landgräflichen Regierung weiterhin ihr angestammtes Mitbe-
stimmungsrecht beim Erlaß von Gesetzen und bei der Erhebung
neuer Steuern einforderten und den Ausbau der landesfürst-
lichen Herrschaft noch lange torpedierten. Andererseits bildeten sie seit der Landesteilung von 1567/68 die stärkste Klammer

für die Artikulation eines auch weiterhin vorhandenen einheitlichen Landesbewußtseins. Bis 1637 gab es gemeinsame Versammlungen der Ständevertreter beider hessischer Territorien, und auch nach 1648 bestanden die Repräsentanten der Ritterschaft noch lange auf ungeteilten Landtagen für ganz Hessen.

*Humanistische Kulturblüte.* Das Konsolidierungswerk des frühmodernen Fürstenstaates im 16. und 17. Jahrhundert zeichnete sich in Hessen durch ein bemerkenswert intensives Engagement für die Belange von Kultur, Bildung und Wissenschaft aus. Schon Landgraf Philipp der Großmütige hatte in den 1530er Jahren hohe Summen in die Reorganisation städtischer Gymnasien und Lateinschulen seines Territoriums investiert. Darüber hinaus hatte er der 1527 begründeten Landesuniversität Marburg – der ersten evangelischen Alma mater überhaupt – besondere Unterstützung zukommen lassen, was unter anderem mittels eines von Philipp Melanchthon konzipierten Stipendienprogramms zur Förderung des akademischen Nachwuchses geschah. Die neue hessische Landesuniversität entwickelte sich rasch zu einem Zentrum humanistischer Gelehrsamkeit – orientiert am Gedanken der Wiederbelebung der klassischen Sprachen und der Rückbesinnung auf die antike Lebenswelt –, wie denn überhaupt der deutsche und europäische Humanismus aus Hessen maßgebliche Anregungen erhalten hat. Nicht wenige hessische Bauernsöhne erlangten innerhalb wie außerhalb ihrer Heimat in diesem Zusammenhang Rang und Namen. Eobanus Hessus (1488–1540) aus Halgenhausen bei Frankenberg galt als «hessischer Hyperion». Er führte die Eklogen- und Hirtendichtung in die deutsche Literatur ein, avancierte zum bedeutendsten neulateinischen Lyriker seiner Zeit und wirkte in seinen späten Jahren als Professor für Poesie in Marburg. Euricius Cordus (1486–1535) aus Simshausen bei Wetter verschaffte der neulateinischen Epigrammdichtung Weltruhm, dessen Einfluß bis auf Lessing nachwirkte. Auch er amtierte später als Professor in Marburg. Mutianus Rufus (1471–1526) aus Homberg an der Ohm war einer der engsten Freunde des Erasmus von Rotterdam und strebte wie dieser danach, christliche Moral mit antiker Bildung und moderner Wissenschaft zu verbinden. Während der zweiten Hälfte des 16. Jahrhunderts führten die Ausläufer der humanistischen Bewegung dann vor allem in Hessen-Kassel zu einer außergewöhnlichen kulturellen und wissenschaftlichen Blüte, die dem Land, gemessen an seiner Größe, eine singuläre Stellung unter den zeitgenössischen deutschen Fürstenstaaten verschaffte.

Verantwortlich für diesen kulturellen Aufstieg Hessen-Kassels waren die beiden nacheinander regierenden Landgrafen Wilhelm IV. (1523–1592) und Moritz (1572–1632). Wilhelm IV., Sohn Philipps des Großmütigen, erwies sich nicht nur, wie schon sein Vater, als bedeutender Reorganisator des Bildungswesens, sondern auch als glanzvoller Renaissance-Herrscher. Kassel formte er zu einer städtebaulich und architektonisch gleichermaßen strahlenden Residenz und machte aus der Stadt einen Anziehungspunkt für Künstler und Gelehrte aus ganz Europa. Den Beinamen «der Weise» erwarb sich Wilhelm IV. hauptsächlich durch seine astronomischen und physikalischen Interessen. Mit vergleichbarer Leidenschaft widmete sich Wilhelms Sohn und Nachfolger, Landgraf Moritz («der Gelehrte») der Kunst- und Wissenschaftsförderung in seinem Land. Er selbst besaß hohe musische und geistige Begabungen, dichtete, komponierte und konnte sich in sieben Sprachen fließend verständigen. Der erste deutsche Komponist von Weltrang, Heinrich Schütz (1585–1672), erfuhr seine Ausbildung am Kasseler Hof, von wo ihn Moritz zum Studium nach Venedig schickte. Auch als Alchimist, Architekt und Erfinder war der kunst- und bildungsbegeisterte Landgraf aktiv. 1605 ließ er in Kassel das «Ottoneum» errichten, den ersten festen Theaterbau Deutschlands, in dem er eine englische Schauspielertruppe unterhielt. Seine vielseitigen Bildungsinteressen kontrastierten allerdings mit einer totalen Verständnislosigkeit für die Belange der politischen Wirklichkeit. Hier führte Moritz als kompromißloser Verfechter des calvinistischen Bekenntnisses sein Land in den militärischen und finanziellen Zusammenbruch. Seine Abdankung 1627 markierte einen Tiefpunkt in der politischen Geschichte Hessens.

### 3. Absolutismus und Aufklärung

*Calvinismus in Nassau.* Die Katastrophe des Dreißigjährigen Krieges, die dem kunstbeflissenen Landgrafen Moritz zum Verhängnis geworden ist, traf das Land auch deshalb mit besonderer Wucht, weil Hessen-Darmstadt und Hessen-Kassel wegen territorialer Streitigkeiten und konfessionellen Haders aneinandergerieten. Der Kasseler Hof war, wie bereits erwähnt, calvinistisch geworden, und auch die meisten nassauischen Territorien hatten sich der Lehre des Genfer Reformators sukzessive angeschlossen. Das Haus Nassau, dessen ottonische Linie im 15. Jahrhundert durch Heirat Gebiete in den Niederlanden und 1530 die südfranzösische Grafschaft Orange (bis 1713) erworben hatte, erlangte infolge seines europäischen Engagements für den Calvinismus zeitweise eine herausragende Stellung im hessischen Raum. Wilhelm («der Schweiger»), seit 1544 Fürst von Oranien (1533–1584, ermordet), war 1573 zum calvinistischen Glauben übergetreten und übernahm – unterstützt von seinem Bruder Graf Johann VI. von Nassau-Dillenburg (1536–1606) – die Führung des niederländischen Freiheitskampfes gegen die spanische Fremdherrschaft, ab 1559 auch offiziell als Statthalter der Provinzen Holland, Seeland und Utrecht. Wilhelm wurde zum Ahnherrn der bis heute im Königreich der Niederlande regierenden Dynastie Oranien-Nassau. Nicht weniger als zehn nassauische Grafen fielen im Lauf des 80jährigen Kampfes (bis 1648) der nördlichen Niederlande gegen die imperialen Gelüste der katholischen spanischen Habsburger. Auch auf intellektuellem Gebiet entfalteten die Nassauer damals beachtliche Aktivität. Als zweite Hochschule auf hessischem Boden gründete Johann VI. (noch vor der hessen-darmstädtischen Landesuniversität Gießen, 1607) 1584 die «Seminaruniversität» in Herborn. Sie entwickelte sich in der Folgezeit zu einem Mittelpunkt des europäischen Calvinismus mit namhaften Gelehrten wie Johannes Althusius (1557–1638) und ebenso namhaften Studenten wie Johann Amos Comenius (1592–1670). Deren Ruhm überdauerte das Ansehen der Hochschule, die bis zu ihrer Auflösung 1817 vor allem der Unterrichtung lokaler Eliten diente, insbesondere der Ausbildung des Pfarrerstandes in den nassauischen Territorien.

*Hessenkrieg.* Der Zwist zwischen den beiden hessischen Landgrafschaften steigerte sich unterdessen in den 1620er Jahren zu blutigen Auseinandersetzungen, dem «Hessenkrieg» als Teil des Dreißigjährigen Krieges. Das lutherische Darmstadt stand dabei auf seiten des katholischen habsburgischen Kaisers, während das calvinistische Kassel mit dem lutherischen Schwedenkönig paktierte. Das Hauptwerk des 1622 im hessischen Gelnhausen geborenen Barockautors Hans Jacob Christoffel von Grimmelshausen, «Der Abenteuerliche Simplicissimus Teutsch» (1668/69), gibt die mit den Kriegsereignissen verbundenen Schrecken und Greuel in realistischer Detailschilderung retrospektiv wieder. Allein 1637, im für Hessen wohl schlimmsten Kriegsjahr, wurden in der Kasseler Landgrafschaft 18 Städte, 47 Adelssitze und über 300 Dörfer zerstört. «Sie haben», so berichteten die hessischen Landstände von der Verwüstung Niederhessens durch kaiserlich-katholische Truppen im Schreckensjahr 1637, «fast Alles, so unter ihre Hand und Gewalt gekommen, niedergehauen; den Leuten die Zunge abgeschnitten, die Augen ausgestochen, Nägel in die Köpfe und Füße geschlagen; heiß Pech, Zinn, Öl und allerhand Unflat durch die Ohren, Nasen und Mund in den Leib gegossen, etliche durch allerhand Instrumente schmerzhaft gemartert; viele mit Stricken aneinander gekoppelt, ins offene freie Feld aneinander gestellt und theils mit Buchsen auf sie geschossen, theils mit Pferden geschleift, ... wie wilde Tiere zwischen die Kinder gefallen, sie gesäbelt, gespießt und in den Backofen gebraten» (Demandt 1972, S. 257). In beiden hessischen Staaten waren die Verwüstungen des Krieges enorm, viele Ortschaften benötigten nach dem Friedensschluß von 1648 Jahrzehnte, wenn nicht gar ein ganzes Jahrhundert, um sich von den angerichteten Zerstörungen zu erholen.

*Landgraf Carl von Hessen-Kassel.* In den anderthalb Jahrhunderten zwischen dem Westfälischen Frieden und den Verwerfungen des Napoleonischen Zeitalters verfügte insbesondere die

Landgrafschaft Hessen-Kassel über eine stattliche Anzahl fähiger Regenten, deren Erscheinungsbild durchaus repräsentativ für die vom Hochabsolutismus geprägte Fürstengeneration der deutschen Mittelstaaten gewesen ist. Der bedeutendste unter ihnen war Landgraf Carl (1654–1730), eine Herrscherpersönlichkeit von europäischem Format. Während seiner sechzigjährigen Regierungszeit (seit 1670) verschaffte er seinem Land eine durch lebhafte Mäzenatentätigkeit forcierte Kulturblüte. Unter ihm begann der Ausbau Kassels zu einem Ort höfisch-barocker Repräsentation – wie denn das Barockzeitalter auch in anderen hessischen Residenzstädten vielbeachtete Bauschöpfungen hervorgebracht hat, etwa in Fulda oder Arolsen, in Weilburg oder Biebrich, in Idstein oder Hadamar. Kassel jedoch stellte alle diese Zeugnisse herrschaftlichen Machtbewußtseins weit in den Schatten. Schloß und Park *Wilhelmshöhe* wurden als eine Art Gesamtkunstwerk konzipiert, welches Architektur und Landschaft harmonisch miteinander zu verbinden strebte (fertiggestellt 1798). 1709 etablierte Landgraf Carl das *Collegium illustre Carolinum* als geistiges Zentrum seiner Residenz. Mit einigem Recht kann das *Carolinum,* dem eine Kunstakademie und naturwissenschaftliche Institute angeschlossen waren, als die erste Technische Hochschule Deutschlands gelten. Ganz im Geist der sich formierenden Aufklärung wurden hier (bis 1786) praxisorientierte Fächer gelehrt – Mathematik, Biologie und Anatomie ebenso wie Geschichte und Länderkunde.

Auch in der Politik der großen Mächte vermochte Hessen-Kassel infolge des geschickten landgräflichen Agierens eine international beachtete Rolle zu spielen. Carls ältester Sohn, Erbprinz Friedrich, wurde 1721 zum König von Schweden gewählt und regierte in Stockholm bis 1751. Carl selbst war maßgeblich an der diplomatischen Vorbereitung der oranischen Invasion nach England beteiligt, die dem bisherigen Generalstatthalter der Niederlande, Wilhelm III. von Nassau-Oranien, zum englischen Königsthron verhalf. Auch die Bemühungen der Mächtekoalition um Einhegung der expansionistischen Hegemonial- und Weltherrschaftsambitionen des französischen Königs Ludwig XIV. fanden Carls Unterstützung. Hierbei spielte übrigens, wie auch schon beim England-Unternehmen der Oranier, der seit 1645 als regierender Graf im nordhessischen Waldeck amtierende spätere Reichsfeldmarschall Georg Friedrich von Waldeck (1620–1692) eine herausragende Rolle. Im Spanischen Erbfolgekrieg schließlich fochten fünf Söhne Landgraf Carls gegen Frankreich, drei von ihnen fielen dabei im Kampf.

Der Landgraf verdankte die sich mit alledem manifestierende europäische Stellung nahezu ausschließlich der Rolle seines Staates als Militärmacht. Im Rahmen einer großangelegten Reformpolitik hatte er, noch vor Brandenburg-Preußen, ein Stehendes Heer geschaffen, das über eine konstante Truppenstärke von immerhin 12 000 Mann verfügte und ihn befähigte, jederzeit gut ausgebildete und kampfbereite Regimenter in beträchtlicher Anzahl verfügbar zu halten. Dies machte Hessen-Kassel nicht nur zu einem umworbenen Bündnispartner, sondern erwies sich auch als einträgliches Geschäft für die landgräfliche Finanzkasse. Denn die hessischen Regimenter wurden gegen Zahlung von Subsidiengeldern vornehmlich an England «vermietet». Sie kämpften auf den verschiedensten Schlachtfeldern in Europa, wobei Carl persönlich mit seinen Soldaten ins Feld zog und mit ihnen die Strapazen des Krieges teilte. Die nicht unumstrittene Praxis der Truppenvermietung ließ den Kasseler Landgrafen zu einem der reichsten Fürsten Deutschlands werden und gedieh auch unter Carls landgräflichen Nachfolgern. Die Truppen kamen in Amerika zum Einsatz, wo sie auf britischer Seite gegen die abtrünnigen Siedler und Kolonisten kämpften.

*Asyl für Glaubensflüchtlinge.* Das auf diese Weise vom Landesherrn eingenommene Geld diente keineswegs, wie häufig behauptet wird, nur der luxuriösen Gestaltung fürstlicher Lebensführung. Es wurde zum überwiegenden Teil zur Sanierung der Staatsfinanzen und zum strukturellen Aufbau des Landes eingesetzt. Landgraf Carl veranlaßte nicht nur wirtschaftliche Investitionen, sondern traf auch Maßnahmen im sozialen Bereich, wie denn überhaupt alle von ihm verfügten Unternehmungen in typisch frühaufklärerischer Zielsetzung das Wohl und Gedeihen seiner Untertanen befördern sollten. Diesem Ziel diente auch

Carls aufsehenerregendes Eintreten für die aus Frankreich vertriebenen Hugenotten, denen er Zuflucht und Entfaltungsmöglichkeit in seinem Land gewährte. Das Angebot der «Freiheitskonzession» von 1685 richtete sich besonders an Kaufleute und Handwerker mit spezifischen, im hessischen Raum so nicht anzutreffenden Kenntnissen und Fertigkeiten. Von der Niederlassung derart ausgewiesener Spezialisten erhoffte sich der Landgraf, nicht zu Unrecht, die Belebung der wirtschaftlichen Infrastruktur seines Territoriums. Eingebunden in eine gemäß merkantilistischer Theorie planmäßig betriebene Förderung des Gewerbe- und Manufakturwesens, wurden den Ankömmlingen aus Frankreich (insgesamt etwa 5000 Personen) Sonderrechte und steuerliche Privilegien gewährt. Die Hugenotten erhielten nicht nur einen eigens gebauten Stadtteil in Kassel zugewiesen, die «Oberneustadt». Große Summen aus den privaten Vermögensbeständen des landgräflichen Hauses, aber auch erhebliche Mittel des Staatshaushalts von Hessen-Kassel wurden darüber hinaus in Gründung und Aufbau von Siedlungen für die Neuankömmlinge investiert. Denn es war eine Besonderheit der Aufnahme der Hugenotten in Hessen, daß sie hier, anders als in Brandenburg-Preußen, in ausgesprochen ländliche Gegenden eingewiesen wurden. Auf diese Weise entstanden über 20 neue Ortschaften, von denen Bad Karlshafen (seit 1699) die bedeutendste war. Hessen-Kassel wurde so, nach dem benachbarten Brandenburg-Preußen, und weit vor allen anderen hessischen Territorien, die den Hugenotten gleichfalls Asyl gewährten, das Land mit der zweitstärksten Aufnahmekapazität für französische Glaubensflüchtlinge im Heiligen Römischen Reich.

*Aufgeklärter Absolutismus in Kassel.* Den Kulminationspunkt absolutistischer Herrschaft in Hessen-Kassel markierte die 1760 beginnende Regierungszeit Landgraf Friedrichs II. (1720–1785), des letzten bedeutenden Vertreters seines Hauses. Unter ihm wurde Kassel ein Zentrum der Aufklärung in Deutschland. Wie sein berühmter preußischer Namensvetter verstand auch er sich als aufgeklärter Landesfürst und erblickte im Wirken für Land und Volk die wichtigste Herrscherpflicht. Der Hohenzollernstaat diente dabei als Vorbild und Muster. Überhaupt waren die Beziehungen Hessens zu Preußen im 18. Jahrhundert ausgesprochen freundschaftlich. In den beiden Schlesischen Kriegen (1740–1742 und 1744/45) stand Hessen-Kassel auf preußischer Seite, im Siebenjährigen Krieg (1756–1763) blieb die Landgrafschaft neben dem Kurfürstentum Hannover und dem Herzogtum Braunschweig Preußens einziger deutscher Alliierter im Kampf gegen die übermächtige Koalition. Zunächst fochten 12 000, später fast 20 000 Soldaten aus Hessen-Kassel auf preußischer Seite, vor allem gegen Frankreich. Landgraf Friedrich II. mußte in seiner Funktion als preußischer Generalleutnant sogar sein Land, das während des Krieges von feindlichen Truppen besetzt war, verlassen und konnte erst 1763 nach Kassel zurückkehren. Nach Beendigung des Krieges übernahm der Landgraf nicht nur die preußische Militär-, Behörden- und Verwaltungsorganisation. Er folgte auch dem in Berlin und Potsdam vorherrschenden Verständnis von staatlicher «Wohlfahrtspflege» als Dienst im Interesse der Untertanen. Und die dabei von ihm in die Wege geleiteten Maßnahmen waren beachtlich, auch wenn die Fülle reglementierender Bestimmungen und kontrollierender Verordnungen oftmals als einengender Zwang empfunden wurde. 1785 ließ der Landgraf in Kassel das Landeskrankenhaus «Charité» errichten, das vorrangig der kostenlosen Behandlung unbemittelter Kranker aus sozial benachteiligten Bevölkerungsschichten dienen sollte. Zugleich war es zur praktischen medizinischen Ausbildung junger angehender Ärzte vorgesehen – eine Unternehmung, die durch ihre Verbindung von Sozialfürsorge und Lehrunterricht typisch aufklärerischen Geist atmete und Schule machen sollte.

Finanziell infolge der weiterhin, verstärkt seit 1776, gezahlten britischen Subsidiengelder bestens ausgestattet – im amerikanischen Unabhängigkeitskrieg dürften zwischen 1776 und 1783 rund 17 000 hessische Soldaten als Söldner gemeinsam mit britischen Truppen an den Kämpfen gegen die amerikanischen Milizen teilgenommen haben –, investierte Landgraf Friedrich II. erhebliche Summen in eine glanzvolle Hofkultur, deren Atmosphäre auf den Bildern der in landgräflichen Diensten stehenden

Malerdynastie Tischbein, allen voran Johann Heinrich Tisch-
beins des Älteren (1722–1789), festgehalten ist. Die architek-
tonische Ausgestaltung der Haupt- und Residenzstadt Kassel
erlebte durch Schloß- und Parkanlagen sowie durch die Errichtung repräsentativer Kulturbauten einen unerreichten Höhepunkt. 1777 wurde die neugegründete *Akademie der Künste*
eröffnet – ihr erster Sekretär Simon Louis du Ry (1726–1799),
Abkömmling einer 1685 aus Frankreich nach Hessen eingewan-
derten Architektenfamilie, war seit 1757 leitender Baumeister in
Kassel. 1779 vollendete er den im Auftrag Landgraf Friedrichs II. errichteten schloßartigen Neubau der Kasseler Biblio-
thek, der als *Museum Fridericianum* die fürstlichen Bücher-
sammlungen und Kunstschätze aufnehmen sollte. Ein Jahr später, 1780, erließ der Landgraf eine wegweisende Verordnung zur
Erhaltung der im Land befindlichen Monumente und Altertümer, worin man mit einigem Recht die erste Denkmalschutzbe-
stimmung Deutschlands erblicken kann. Und bereits 1777 hatte
Friedrich II. die *Akademie der Altertümer* gestiftet, die sich um
die Sichtung und Pflege gefährdeter Stücke altorientalischer,
griechischer, römischer, aber auch mittelalterlicher Herkunft
kümmern sollte. Kein Geringerer als Johann Wolfgang Goethe
rühmte 1792 Schönheit und Reichtum der Stadt und erkannte
zugleich ihre damals idealen Voraussetzungen zur Entfaltung
bürgerlichen Lebens: «Wie düster aber auch in der letzten und
schwärzesten aller Nächte meine Gedanken mochten gewesen
sein», schrieb er während einer Reise von Düsseldorf nach Kassel, «so wurden sie auf einmal wieder aufgehellt, als ich in das
mit hundert und aberhundert Lichtern erleuchtete Kassel hin-
einfuhr. Bei diesem Anblick entwickelten sich in meiner Seele
alle Vorteile eines bürgerlich-städtischen Zusammenseins, die
Wohlhäbigkeit eines jeden einzelnen und seiner von innen er-
leuchteten Wohnung und die behaglichen Anstalten zur Aufnahme von Fremden» (Sarkowicz 1988, S. 20).

*Absolutismus und Aufklärung in Darmstadt.* Hessen-Darmstadt ging seit einem 1648/50 geschlossenen territorialen Vergleich mit Hessen-Kassel politisch zunächst weniger erfolgreiche Wege. Das Land litt unter der unglücklichen räumlichen Zersplitterung in nicht weniger als zehn verschiedene Gebietsteile, die miteinander keine Landverbindung besaßen. Zudem herrschte chronische Finanznot, die infolge des Bau- und Repräsentationsbedürfnisses des Darmstädter Fürstenhauses zu einem Dauerproblem des kleinen Landes geworden war. Mehrfach geriet es an den Rand des Staatsbankrotts, zum Abbau der Schuldenlast wurden abenteuerliche alchimistische Projekte geschmiedet, schließlich sogar Teile des landgräflichen Schatzes verpfändet. Besonders das barocke Prunkbedürfnis Landgraf Ernst Ludwigs (1667–1739), der – bei äußerster persönlicher Sparsamkeit – große Summen für den unvollendet abgebrochenen Neubau des Darmstädter Residenzschlosses ausgab, sowie die Jagdleidenschaft seines Nachfolgers Ludwigs VIII. (1691–1768), dessen aufwendige Treib- und Parforcejagden jahrzehntelang die hessische Landschaft verwüsteten, trugen maßgeblich zum Ruin des Staatshaushaltes bei. Erst nachdem der am preußischen Finanz- und Militärstaat orientierte Landgraf Ludwig IX. (1719–1790) die Regierung übernommen hatte, setzte eine allmähliche Konsolidierung ein. Dies jedoch lag weniger am Engagement des Landgrafen selbst, der sich nach Pirmasens verzog und dort, als Bewunderer Friedrichs des Großen, vorzugsweise durch Militärspielereien – als «Landgraf-Drillmeister», «Reichs-Erz-Trommler» sowie Verfasser zahlreicher Marschkompositionen – von sich reden machte. Treibende Kraft der Reformpolitik in Darmstadt war vielmehr seine ihm intellektuell weit überlegene Gattin Henriette Caroline (1721–1774), eine im Umfeld der europäischen Fürstenhöfe jener Zeit höchst angesehene Frau, die mit keinem Geringeren als Friedrich dem Großen, dem bekennenden Frauenverächter von Sanssouci, regen Kontakt pflegte. Von Darmstadt aus knüpfte sie dynastische Verbindungen nach ganz Europa. Ihre Tochter Friederike Luise (1751–1805) verheiratete sie nach Preußen, sie wurde die Mutter des späteren Königs Friedrich Wilhelm III. (1770–1840).

Eine andere Tochter, Wilhelmine-Natalie (1755–1776), wurde die Frau des russischen Thronfolgers und späteren Zaren Paul I. (1754–1801), starb aber bereits im Kindbett.

Die von Goethe so genannte «Große Landgräfin» sorgte zudem dafür, daß ihr Mann Ludwig IX. 1772 den Aufklärungspublizisten und Staatstheoretiker Friedrich Carl von Moser (1723–1798) als leitenden Minister an den Darmstädter Hof berief. Als Chef der hessen-darmstädtischen Landesverwaltung gelang es Moser in relativ kurzer Zeit (bis 1780), den Staatshaushalt zu sanieren und das hochverschuldete Land ökonomisch und administrativ wieder nach vorne zu bringen. Nachdem bereits 1771 die Anwendung der Folter zur Erzwingung von Geständnissen verboten worden war, konzentrierte Moser seine Bemühungen hauptsächlich auf die Verbesserung der Rechtssicherheit, indem er die Sammlung und Niederschrift der in der Landgrafschaft geltenden Rechtsvorschriften anregte. Zustandegekommen ist eine solche Gesetzeskodifikation zu Mosers Zeiten in Darmstadt nicht. Hingegen waren die Initiativen des Ministers zur Förderung der wirtschaftlichen Infrastruktur seines Landes erfolgreich. Die Auswertung statistisch ermittelter Daten sollte als Ausgangspunkt für eine grundlegende Umgestaltung der Landesökonomie im merkantilistischen Sinn dienen. Durch Nutzung der gewonnenen Daten konnte die landwirtschaftliche Produktivität tatsächlich spürbar gesteigert werden. Bauern erhielten finanzielle Zuwendungen, Hilfe bei der Beschaffung von Gerät und Getreide sowie Unterstützung bei der Erprobung rationellerer Anbaumethoden.

Doch nicht nur Hof und Regierung, sondern auch die führenden Köpfe der Darmstädter Gesellschaft öffneten sich in den 1770er Jahren dem Ideengut der Aufklärung. Man bemühte sich hier insbesondere um eine Popularisierung aufgeklärten Gedankenguts durch Gründung von Zeitungen, die sich an ein ungelehrtes Publikum richteten und zeitweise in Matthias Claudius ihren Chefredakteur fanden *(Hessische Intelligenzblätter*, 1772; *Hessen-Darmstädtische privilegirte Land-Zeitung*, 1777). Weitere bedeutende Repräsentanten der hessischen Aufklärung waren der Philosoph Christian Wolff in Mar-

burg (1679–1754), der Publizist Adolf Freiherr von Knigge in
Kassel und Hanau (1752–1796) sowie der Schriftsteller und
Verleger Johann Heinrich Merck in Darmstadt (1741–1791).
Merck, Beamter in landgräflichen Diensten, war nicht nur Thea-
terkritiker und Verfasser empfindsamer Gedichte, Romane und
Fabeln im Stil der literarischen Zeitströmung des «Sturm und
Drang». Er gehörte auch zu den Förderern und Beratern des
jungen Goethe. Der damals noch wenig bekannte Sproß einer
Frankfurter Patrizierfamilie durfte, als Mitarbeiter der von
Merck redigierten «Frankfurter Gelehrten Anzeigen», sein er-
stes Erfolgsstück «Götz von Berlichingen mit der eisernen
Hand» (1773) unter der wohlwollenden Obhut seines Gönners
in einem Darmstädter Verlag veröffentlichen – noch vor Erscheinen des ihn berühmt machenden Briefromans «Die Leiden
des jungen Werthers» (1774), dessen Handlungsgeschehen sich
bekanntlich im hessischen Wetzlar abspielt. Mit alledem war
Hessen im letzten Drittel des 18. Jahrhunderts eine der intellektuell produktivsten und für die Entwicklung des literarischen
Lebens anregendsten Regionen des Heiligen Römischen Reiches
und ist in diesem Sinn von manchem Zeitgenossen in rühmen-
der Erinnerung behalten worden. Der Freiherr von Knigge etwa
stellte im Rückblick auf seine Jahre in Hessen später fest, daß es
«dem Hessen ... an natürlichen Anlagen» durchaus nicht fehle.
«Eine jovialische, gute und witzige Laune, Dienstfertigkeit und
Gastfreundschaft, sind Tugenden, die ihm eigen scheinen». Insgesamt war das Urteil Knigges über die Wirkung der Aufklärung in Hessen wohlwollend positiv: «Hie und da, wo an einem
Orte ein aufgeklärter und thätiger Mann wohnt und wo nicht
Armuth, Furcht und Druck die Tätigkeit hemmen, da macht
auch die Cultur gute Fortschritte» (Heidenreich 1999, S. 168).

# IV. Strukturwandel und Neuformierung im 19. Jahrhundert

## 1. Umbrüche nach 1800

*Territoriale Veränderungen.* Die Erschütterungen der Französischen Revolution und des Napoleonischen Zeitalters brachten für den hessischen Raum zahlreiche territorialpolitische Veränderungen, die der Entwicklung der Region bis zur neuerlichen Flurbereinigung von 1866 ihren Stempel aufdrücken sollten. Beide Landgrafschaften hatten sich 1792 zunächst am Reichskrieg gegen das revolutionäre Frankreich beteiligt, und beide Länder gehörten – wie übrigens auch die nassauischen Grafschaften – zu den Profiteuren jenes staatlichen Umwälzungsprozesses, der 1803 mit der Säkularisation der geistlichen Herrschaften und der Auflösung der meisten Reichsstädte begann und 1806 mit dem Ende des Alten Reiches seinen ersten Höhepunkt fand. Insbesondere Hessen-Darmstadt konnte im Gefolge dieses Auflösungsprozesses erheblichen Ländergewinn erzielen und sein Territorium um rheinhessische Gebiete (Mainz, Worms, Alzey) erweitern, während der seit 1785 regierende Landgraf Wilhelm IX. von Hessen-Kassel (1743–1821) – bei nur kleinerer Landvermehrung (Naumburg, Fritzlar, Amöneburg) – 1803 die von ihm seit langem erstrebte Würde eines Kurfürsten zugesprochen bekam. Er behielt (als Kurfürst Wilhelm I.) diesen Titel auch dann noch bei, als die kurfürstliche Würde infolge der Abdankung des letzten römisch-deutschen Kaisers 1806 gegenstandslos geworden war.

Danach jedoch gingen Darmstadt und Kassel getrennte Wege. Hessen-Darmstadt zählte in den Folgejahren zu den engsten Verbündeten Napoleon Bonapartes, es war eines der Gründungsmitglieder des Rheinbundes, jener Vereinigung von zunächst 16 süd- und westdeutschen Fürstenstaaten, die unter dem Protektorat des Kaisers der Franzosen ihre Souveränität erklärten und sich im August 1806 förmlich vom Reich lossagten. In diesem Zusammenhang konnte der Darmstädter Landgraf (seit 1790: Ludwig X.) nicht nur erneut beträchtlichen Territorialzuwachs für sich verbuchen, dem er durch eine Verwaltungsneugliederung seines Landes in drei Provinzen (Rheinhessen um Mainz, Starkenburg um Darmstadt, Oberhessen um Gießen) administrativ Rechnung trug. Er erreichte darüber hinaus – wie vorher schon sein Kasseler Vetter – eine fürstliche Standeserhöhung und nannte sich (als Ludewig I., 1753–1830) fortan «Großherzog von Hessen und bei Rhein».

Auch die nassauischen Linien reüssierten im Windschatten Napoleons. Schon 1783 hatte der Nassauische Erbverein die Zusammengehörigkeit von ganz Nassau festgelegt, 1803, im Rahmen des Reichsdeputationshauptschlusses, waren die beiden walramischen Grafschaften Nassau-Usingen und Nassau-Weilburg für ihre 1801 im Frieden von Lunéville an Frankreich abgetretenen linksrheinischen Besitzungen durch rechtsrheinische Territorien aus der Erbmasse der aufgelösten geistlichen Kurfürstentümer Köln, Mainz und Trier entschädigt worden, wobei der erzielte Gebiets- und Bevölkerungsgewinn die Verluste von 1801 um ein Vielfaches übertraf. 1806 schlossen sich beide Grafschaften dem Rheinbund an und vereinigten sich zum souveränen «Herzogtum Nassau». Friedrich August von Nassau-Usingen regierte als Herzog, Friedrich Wilhelm von Nassau-Weilburg besaß als souveräner Fürst Mitspracherechte. Beide starben 1816, woraufhin die Herrschaft ungeteilt an Friedrich Wilhelms Sohn Wilhelm (1792–1839) fiel. Das neugeschaffene Herzogtum besaß ein relativ geschlossenes Staatsgebiet im Raum zwischen Main, Rhein, Lahn und Sieg, womit die bisher für die Region so charakteristische territoriale Zersplitterung überwunden war.

Das Kurfürstentum Hessen-Kassel wiederum versuchte, anders als Hessen-Darmstadt und Nassau, sich in den Napoleonischen Kriegen neutral zu verhalten, wurde dann aber in den Zusammenbruch Preußens hineingezogen, als souveräner Staat aufgelöst und zum überwiegenden Teil dem 1807 neugeschaffenen Königreich Westphalen zugeschlagen. Dieser Napoleonische Modellstaat wurde aus ehemals braunschweigischen, hannoverschen, sächsischen, thüringischen, preußischen und eben hessischen Besitzungen zusammengestellt und von Napoleons Bruder Jérôme Bonaparte (1784–1860) regiert. Ebenfalls von Napoleons Gnaden entstand aus Frankfurt, Hanau, Fulda und weiteren Teilen Hessens 1806 das Großherzogtum Frankfurt unter dem letzten Mainzer Erzkanzler Carl Theodor Freiherr von Dalberg (1744–1817). Dieser war zugleich von Frankfurt aus als «Fürstprimas von Deutschland» mit der Leitung des Rheinbundes betraut. Nassau-Dillenburg schließlich ging an das 1808 von Napoleon gegründete Großherzogtum Berg.

*Verfassungsgebung.* Als erster Staat auf deutschem Boden erhielt das *Königreich Westphalen* (Haupt- und Residenzstadt: Kassel) 1807 eine moderne Verfassung. Sie schuf eine repräsentative Volksvertretung, beseitigte alle Standesprivilegien, verbürgte Rechtsgleichheit und garantierte Religionsfreiheit, was vor allem der jüdischen Bevölkerung (wie übrigens auch im Großherzogtum Frankfurt) zugute kam. All das waren Errungenschaften von einigem Rang und Wert. Die Zustimmung der damals von ihnen profitierenden hessischen Landeskinder fanden sie gleichwohl nur vereinzelt. Widerstand und Abneigung gegen die französische Verwaltung waren vielmehr von Anfang an weitverbreitet, besonders im Werraland, wo es mehrfach zu Aufständen kam. Dazu mochte beitragen, daß dem Königreich Westphalen – wie allen anderen hessischen Staaten von Napoleons Gnaden – auferlegt wurde, Truppenkontingente für die Kriege des französischen Kaiserreichs zur Verfügung zu stellen. Der Zusammenbruch des Napoleonischen Imperiums Ende 1813 wurde in Hessen jedenfalls als Befreiung begrüßt, die Rückkehr des abgesetzten und vertriebenen Fürstenhauses Brabant nach Kassel von der einheimischen Bevölkerung enthusiastisch gefeiert.

Die modernisierenden Wirkungen, die den Napoleonischen Modellstaaten auf hessischem Boden innewohnten, waren in ihrem Umfang und Ausmaß begrenzt. Die Entwicklung einer verfassungsstaatlich fundamentierten Bürgergesellschaft dürfte wohl weniger aus der Übernahme weithin ungeliebter französi-

scher Reformmodelle in Verwaltung und Steuerwesen resultiert
haben als vielmehr den veränderten territorialpolitischen Gege-
benheiten zu verdanken gewesen sein. Nach den Bestimmungen
des Wiener Kongresses konnten sich insgesamt sechs verschiedene Territorien als souveräne Mitgliedstaaten des 1815 gegründeten Deutschen Bundes auf dem Gebiet des heutigen Landes Hessen behaupten: Kurhessen, Hessen-Darmstadt, Nassau,
Hessen-Homburg, Waldeck und Frankfurt am Main. Wie manchen anderen Landesherrn im süddeutschen Raum, erschien es
auch den Regenten von Hessen-Darmstadt und Nassau ratsam,
die heterogenen Gebietsteile ihrer neu zugeschnittenen Staaten
durch den Erlaß einer Verfassung miteinander zu verklammern
und ihnen mittels einer Volksvertretung, die auf Grundlage dieser Verfassung gewählt wurde, ein integratives gesamtstaatliches
Landesbewußtsein zu verschaffen.

Die 1820 für das *Großherzogtum Hessen-Darmstadt* in Kraft
getretene Verfassung reihte das Land in die Riege der süddeutschen Verfassungsstaaten Bayern, Baden und Württemberg ein
– in deutlichem Unterschied zu den beiden größten deutschen
Ländern, Preußen und Österreich, die bis zur Revolution von
1848/49 ohne Verfassung bleiben sollten. Wie in den übrigen
Konstitutionen Süddeutschlands sprach die großherzoglich-hessische Verfassung dem Monarchen zwar alle Gewalt im Staat zu.
Doch sie gewährte auch der Abgeordnetenkammer, dem «Landtag», umfassende Mitwirkungsrechte bei der Gesetzgebung und
der Verabschiedung des Haushalts. Gewählt wurde im Großherzogtum auf der Grundlage eines ungleichen Wahlrechts, das sich
am Steueraufkommen des einzelnen Wählers orientierte. Zugleich enthielt die Verfassung Grundrechtsgarantien: Rechtsgleichheit, Religionsfreiheit, Pressefreiheit. Mit all diesen Bestimmungen ermöglichte die hessen-darmstädtische Verfassung
von 1820 in den folgenden Jahrzehnten eine konstruktive Zusammenarbeit von Regierung und Landtag – immerhin hat sie
sich im Großherzogtum bis zum Ende der Monarchie 1918 erfolgreich behauptet.

Das *Herzogtum Nassau* hatte bereits im September 1814
eine Verfassung erhalten, früher als jeder andere damalige deut-

sche Staat. Dies mochte auf den Einfluß des aus Nassau stammenden und dort begüterten Reichsfreiherrn Karl vom Stein zurückzuführen sein, dem Initiator der Preußischen Reformen von 1806/07. Der Freiherr vom Stein hatte im August 1814 eine Denkschrift «Über eine ständische Verfassung im Herzogtum Nassau» vorgelegt. In ihr forderte er die Mitwirkung der «Landstände», also der Vertreter des in Stände gegliederten Volkes, an der Gesetzgebung und der Steuerbewilligung, ferner die Garantie des Eigentums, der persönlichen Freiheit und der Unabhängigkeit der Justiz. Stein fand in dem nassauischen Staatsminister Ernst Freiherr Marschall von Bieberstein (1770–1834) und in dem Wiesbadener Regierungspräsidenten Karl Friedrich von Ibell (1780–1834) zwei engagierte Mitstreiter, die dafür sorgten, daß das 1814 erlassene nassauische Verfassungsedikt zu den liberalsten seiner Art in ganz Europa zählen sollte und sowohl die politischen Freiheitsrechte sicherte als auch die staatsbürgerliche Gleichheit vor dem Gesetz garantierte. Selbst wenn die politische Praxis im Herzogtum Nassau während der nachfolgenden Jahrzehnte mit diesen konstitutionellen Idealen keineswegs immer übereinstimmte – bereits im Jahr 1818 besaßen infolge des hohen Zensus nur noch knapp 1 % der Einwohner das Wahlrecht –, war damit doch ein Impuls gegeben, der Nassau wie Hessen-Darmstadt den Anschluß an die liberale politische Kultur der Verfassungsstaaten des deutschen Südens ermöglichte.

Dies galt vorerst nicht für das *Kurfürstentum Hessen-Kassel,* dessen nach 1815 amtierende Regenten allesamt von erstaunlicher politischer Instinktlosigkeit gewesen sind und den Anschluß an den Geist der Zeit verfehlten. Schon Heinrich von Treitschke (Deutsche Geschichte im 19. Jahrhundert, III.7: Kurhessen) hat nicht ohne Berechtigung darauf hingewiesen, daß seit dem ausgehenden 18. Jahrhundert im Haus Philipps des Großmütigen «eine rätselhafte Entartung» um sich greife, die stetig fortschreite und in nur wenigen Generationen den Ruhm «fünf reicher Jahrhunderte» verspielen sollte, «bis dies weiland ehrenreiche Fürstengeschlecht endlich seinem treuen Volke selber zum Ekel wird und unbeweint ins Verderben stürzt.» Anders als Hessen-Darmstadt und Nassau erhielt Kurhessen nach

1815 keine Verfassung, es gab keinen Landtag, kaum organisierte politische Interessengruppen und so gut wie keine Presse.
Erst im Gefolge der Pariser Julirevolution bequemte sich der
Kurfürst 1831, seinen Landeskindern eine Konstitution zu ge-
währen, die damals sogar von Karl Marx als liberalstes Grundgesetz Europas gerühmt wurde. Doch klafften, stärker noch als
in Nassau, Verfassungstext und Verfassungswirklichkeit in Kurhessen während der Folgezeit immer weiter auseinander, weil
Kurfürst Friedrich Wilhelm keine Gelegenheit ausließ, die liberale Verfassung des Landes durch einen autokratisch-absolutisti-
schen Regierungsstil auszuhöhlen. Ein permanenter Verfassungs-
konflikt und andauernde Spannungen zwischen Kurfürst und
Volksvertretung hielten den Staat fortan in Atem.

*Geist und Kultur im Vormärz.* Das kulturelle, geistige und wissenschaftliche Leben Hessens war – ungeachtet der politisch
vielfach unbefriedigenden Situation – in den ersten Jahrzehnten
des 19. Jahrhunderts von großer Regsamkeit geprägt. Ähnlich
wie die Aufklärung hat auch die Romantik in Hessen literarische Repräsentanten von internationalem Rang gefunden und
bleibende Spuren hinterlassen. Dies galt zunächst und vor allem
für Jacob (1785–1863) und Wilhelm Grimm (1786–1859). Das
in Hanau geborene und später lange Zeit in kurhessischen Diensten tätige Brüderpaar hat seine tiefe Verwurzelung in der hessischen Heimat stets mit großem Nachdruck bekundet. «Liebe
zum Vaterland», so berichtete Jacob Grimm in seiner Selbstbio-
graphie 1830, «war uns ... tief eingeprägt ... wir hielten unseren
Fürsten für den besten den es geben könnte, unser Land für das
gesegneteste unter allen; es fällt mir ein, daß mein vierter Bruder,
der von uns hernach am frühesten und längsten im Ausland
leben mußte, als Kind auf der hessischen Land-Carte alle Städte
größer und alle Flüsse dicker malte ...» (Heidenreich 2003,
S. 17). Während ihrer seit 1802/03 in Marburg gemeinsam ver-
brachten Studienzeit waren die Grimms in Verbindung zum dortigen Romantikerkreis getreten. Bereits damals betrieben die
späteren Mitbegründer der modernen Germanistik frühe Überlegungen zur Sammlung und Aufzeichnung von Sagen und Mär-

chen, deren erste Ausgabe 1812 erschien und der hessischen Volkstradition zahlreiche Anregungen verdankte. Durch ihre Märchenedition, ihre volkskundlichen Studien und ihre Untersuchungen zur deutschen Sprache und Literatur haben Jacob und Wilhelm Grimm die Entfaltung eines Bewußtseins regionaler und nationaler Identität in Hessen und ganz Deutschland ebenso maßgeblich mitgeformt, wie der ihnen freundschaftlich verbundene Rechtsgelehrte Friedrich Carl von Savigny (1779–1861), der ab 1803 als Professor in Marburg die kritische Methode der vom Lebensgefühl der Romantik durchdrungenen Historischen Rechtswissenschaft populär machte. Savigny wiederum war mit der Familie Brentano verwandt, deren Wirken in Frankfurt, Darmstadt und Wiesbaden für das intellektuelle, wissenschaftliche und politische Leben Hessens im 19. und 20. Jahrhundert von großer Bedeutung gewesen ist. Dies galt besonders für das Geschwisterpaar Clemens (1778–1842) und Bettina Brentano (1785–1859) als repräsentative Verkörperungen romantischen Dichtertums. Spätromantischen Charakter besaß auch die Musikpflege am Kasseler Hof. Dort wirkte seit 1822 (und bis 1857) der anerkannt beste deutsche Violinist seiner Zeit: Louis Spohr (1784–1859), Hofkapellmeister in kurfürstlich hessischen Diensten, unter dessen Leitung die Kasseler Oper ihre größte Blütezeit erlebte.

Einen eigenen Akzent im intellektuellen Leben des 19. Jahrhunderts, der von der eher romantisch gestimmten Atmosphäre Marburgs und Kassels deutlich abwich, setzten die Studenten der hessen-darmstädtischen Landesuniversität Gießen. Der Schriftsteller Friedrich Christian Laukhard (1758–1822), ein Freund amouröser Zweideutigkeiten, hatte im Rückblick auf seine Gießener Studienzeit in den 1770er Jahren die damals in der Universitätsstadt vorherrschende Atmosphäre auf wenig vorteilhafte Weise beschrieben. «Schlägereien», so berichtete Laukhard in seinen Lebenserinnerungen, «sind in Gießen gar nicht selten. So klein die Universität ist, so viel Balgereien fallen vor. ... Bordelle gibt es in Gießen nicht; aber doch unzüchtige Menschen und folglich auch – wie leider jetzt auf jeder Universität – venerische Krankheiten. Sonderbar ist es, daß der größte Teil der infizierten Studenten gerade Theologen … sein sollen …» (Sarkowicz 1988, S. 177). Ein halbes Jahrhundert später dominierte in Gießen vielleicht nicht unbedingt eine andere studentische Lebensart, wohl hingegen ein erheblich gewandeltes politisches Bewußtsein vieler akademischer Adepten. Unmittelbar nach 1815 machten hier die radikalen Anhänger der burschenschaftlichen Bewegung um das revolutionäre Brüderpaar Adolf (1794–1855) und Karl Follen (1796–1840) von sich reden. Als Anführer einer konspirativen Gießener Studentenverbindung, deren Mitglieder stets schwarz gekleidet, in «altdeutscher» Tracht, auftraten, gehörte Karl Follen zu den entschiedensten Befürwortern eines zentralistisch geführten nationalen Einheitsstaates. Aus verwandtem Geist entstand einige Jahre später die von Georg Büchner (1813–1837) in Gießen 1834 gegründete «Gesellschaft für Menschenrechte». Sie stand bereits ganz im Zeichen sozialrevolutionären Protests und verwies auf zunehmende ökonomische Bedrückungen, die seit Anfang des Jahrhunderts in weiten Teilen Hessens vorherrschten. Vielleicht war es kein Zufall, daß auch andere Schriftsteller, die, wie Büchner, der radikal-revolutionären Autorengruppe des «Jungen Deutschland» angehörten, aus Hessen stammten oder dort ihre Wirkungsstätte fanden – so Carl Ludwig Börne (1786–1837) oder Karl Gutzkow (1811–1878). Zur gleichen Zeit, als Büchner in Gießen seine revolutionäre Agitation entfaltete, begann dort der wissenschaftliche Aufstieg des berühmtesten und erfolgreichsten hessischen Naturforschers im 19. Jahrhundert: Justus Liebig (1803–1873), Erfinder des Chloroforms und Begründer der Agrikulturchemie, der bis zu seinem Weggang nach München 1852 der Gießener Universität Ruhm und Glanz eintrug.

Auch andere hessische Orte und Regionen waren in jenen Jahrzehnten am Aufstieg des deutschen Wissenschafts- und Bildungslebens beteiligt – etwa die Freie Stadt Frankfurt am Main durch Gründung der *Frankfurter Physikalischen Gesellschaft,* der *Naturforschenden Senckenbergischen Gesellschaft* (1817) und des *Städel'schen Kunstinstituts* (1816), oder die großherzoglich-hessische Residenz Darmstadt durch Intensivierung der

Aktivitäten des dortigen *Polytechnikums*. In Nassau gab es seit 1817 die Simultanschule, welche die andernorts in Deutschland noch lange beibehaltene Konfessionsschule ersetzte und fortan einen gemischt-christlichen Unterricht ermöglichte. Und selbst das winzige, kaum mehr als 50 000 Einwohner zählende nord-hessische Fürstentum Waldeck war im 19. Jahrhundert Heimat bedeutender Gelehrter und Künstler – Namen wie der des Theologen, Altertumsforschers und Diplomaten Christian Carl Josias Bunsen, des Bildhauers Christian Daniel Rauch und des Malers Wilhelm von Kaulbach stehen für manche andere.

*Religion und Kirche.* Die territorialpolitischen Umwälzungen zum Jahrhundertanfang sind nicht zuletzt für die konfessionellen Strukturen des hessischen Raumes von Bedeutung gewesen. Angehörige der verschiedenen christlichen Bekenntnisse – Lutheraner, Reformierte, Katholiken – waren nun oftmals zu Bürgern ein- und desselben Staates geworden, was vor allem die Annäherung zwischen den beiden evangelischen Kirchen beförderte. 1817, im gleichen Jahr wie in Preußen, entstand im Herzogtum Nassau eine Calvinismus und Luthertum vereinigende evangelische Landeskirche, die das gemeinsame Abendmahl für Anhänger beider Bekenntnisse zuließ. Ab 1821 existierte eine solche Unionskirche im Fürstentum Waldeck, und auch in Hessen-Darmstadt fand der Unionsgedanke zunehmend Anklang.

Die katholische Kirche Hessens hingegen hatte im beginnenden politischen Verweltlichungsprozeß des frühen 19. Jahrhunderts zunächst stark an Macht und Einfluß verloren. Gebietseinbußen für zahlreiche Territorialfürsten wurden im Rahmen der Säkularisation 1803 aus ehemaligem Kirchenbesitz kompensiert – Erzbistümer und Klöster verloren ihre Unabhängigkeit, sozial engagierte katholische Stiftungen stellten die Arbeit ein. In der zweiten Jahrhunderthälfte konnte die katholische Kirche ihre Stellung dann jedoch allmählich wieder festigen. Der Mainzer Katholikentag von 1848 wurde zu einem weit über die Grenzen des Großherzogtums Hessen-Darmstadt hinausstrahlenden Ereignis und zu einem Symbol katholisch-kirchlichen Erneuerungsstrebens. Dieses fand in Hessen während der folgenden Jahrzehnte einflußreiche Repräsentanten – so in der Person des Zentrumspolitikers Karl Friedrich von Savigny (1814–1875) und seines Kreises, besonders aber durch den seit 1850 amtierenden Mainzer Bischof Wilhelm Emanuel Freiherr von Ketteler (1811–1877), der als Mitbegründer des politischen Katholizismus und engagierter Verfechter einer aktiven Sozialpolitik zu den kirchlichen Leitfiguren der Epoche zählte.

Für die jüdische Bevölkerung Hessens wiederum brachte die zweite Hälfte des 19. Jahrhunderts einen entscheidenden Emanzipationsschub – Hessen-Darmstadt, Kurhessen und Nassau hatten bereits im Vormärz erste Maßnahmen zu deren rechtlicher Gleichstellung getroffen. Über die Jahrhunderte hinweg war den hessischen Juden der Besitz von Land ebenso verboten gewesen wie jede bäuerliche oder handwerkliche Betätigung innerhalb zunftbezogener Arbeitsregelungen. Daraus hatte sich vielerorts eine wirtschaftliche Sonderstellung für die in Handel, Kreditwesen und Geldgeschäften tätigen Juden ergeben. Einigen wenigen von ihnen, allen voran der Frankfurter Bankiersfamilie der Rothschild, war in diesem Umfeld der Aufstieg zu Reichtum und Ansehen geglückt. Doch die meisten hessischen Juden waren arm und lebten als Krämer oder Pfandleiher in den Städten oder als Viehverkäufer, Getreidehändler und Hausierer auf dem Land. Mit der vollständigen Judenemanzipation, die in Kurhessen und Nassau erst 1869, nach dem Übergang beider Länder an Preußen, im Rahmen der Gesetzgebung des Norddeutschen Bundes vollzogen wurde, war für die hessischen Juden der Weg frei zu beruflichem und gesellschaftlichem Aufstieg. Manche machten nun Karriere als erfolgreiche Ärzte, Anwälte oder Journalisten, als Schriftsteller oder Künstler. Andere freilich mußten den traditionellen jüdischen Berufszweigen wie eben dem Handel treu bleiben. Denn auch nach der vollständigen Emanzipation weigerten sich viele christliche Handwerksmeister, jüdische Lehrlinge auszubilden.

## 2. Wandlungen in Wirtschaft und Gesellschaft

*Industrialisierung und Auswanderung.* Die politisch vor allem in Kurhessen und zusehends auch in Nassau angespannte Lage verband sich in den Jahren nach 1815 mit einer von wirtschaftlichen Aufbrüchen und sozialen Verwerfungen gleichermaßen gekennzeichneten gesellschaftspolitischen Situation. Später als in anderen deutschen und europäischen Ländern hatte die Industrialisierung in Hessen Einzug gehalten – die hessischen Mittelgebirgsregionen blieben bis weit ins 19. Jahrhundert hinein land- und forstwirtschaftlich geprägt, wobei auf vielen Höfen mit nicht selten weniger als drei Hektar bebaubaren Bodens der Lebensunterhalt einer Bauernfamilie kaum mehr erwirtschaftet werden konnte. Oftmals blieb den nachgeborenen Bauernsöhnen nur die Abwanderung in die industriellen Ballungszentren der Region – oder die Emigration nach Übersee, vorzugsweise nach Nordamerika.

Zentren der hessischen Auswanderung waren in der Mitte des 19. Jahrhunderts die wirtschaftlichen Notgebiete im Taunus, in der Wetterau und im Westerwald. Mißernten, verbunden mit einem überproportional hohen Bevölkerungswachstum, führten seit den 1830er Jahren zu teilweise katastrophalen Hungerkrisen und zu drückender Dauerarmut. Das Herzogtum Nassau galt damals in Deutschland als das Hauptauswanderungsland schlechthin. Dort, aber auch im benachbarten Großherzogtum Hessen-Darmstadt, kam es nicht selten zur Massenauswanderung ganzer Dörfer. Man hat errechnet, daß allein in Hessen-Darmstadt zwischen 1841 und 1846 etwa 16 500 Landeskinder ihre angestammte Heimat in Richtung USA verließen. Teilweise wurden die Auswanderungswilligen durch Reisekostenzuschüsse seitens der Darmstädter Regierung unterstützt. Und in Nassau übernahm der dort seit 1839 regierende Herzog Adolph zeitweise sogar eine führende Rolle in dem 1844 gegründeten «Texas-Verein», der die deutsche Auswanderung nach Nordamerika koordinieren sollte.

*Frühe Industriestandorte.* Die Industrialisierung besaß in Hessen mehrere regionale Schwerpunkte und entwickelte sich vornehmlich aus Handwerksbetrieben, mechanischen Werkstätten und kleineren gewerblichen Unternehmungen. Eine Art Vorreiterrolle gewann hier das Herzogtum Nassau, was vor allem dem Aufschwung der Eisenindustrie in den Bergbau- und Hüttenrevieren des Lahn-Dill-Raumes seit Anfang der 1830er Jahre zu verdanken war. Zwischen 1828 und 1856 stieg die jährliche Förderung der dortigen Eisenerzgruben von 38 000 Tonnen auf fast 200 000 Tonnen. Als erstes deutsches Eisensyndikat konstituierte sich 1851 der «Verein zum Verkauf nassauischen Roheisens». Auch die Konzession zur Errichtung einer Anilin- und Anilinfarbenfabrik bei Höchst wurde 1862 durch die nassauische Landesregierung erteilt, denn Höchst lag damals noch auf dem Territorium des Herzogtums Nassau, ebenso wie Wiesbaden, wo die 1863 eröffnete «Allgemeine Nassauische Kunst- und Gewerbeausstellung» zahlreichen heimischen Betrieben die Gelegenheit bot, Erzeugnisse der gewerblichen Industrie einem breiten Publikum zu präsentieren.

Neben der nassauischen Lahn-Dill-Region mit ihren beträchtlichen Eisenerzvorkommen profilierte sich im Zeitalter der Industrialisierung vor allem Kassel als einer der frühesten hessischen Industriestandorte. Bereits 1710 hatte Landgraf Carl ein landesherrliches Gießhaus zur Herstellung von Glocken und Geschützen errichten lassen. 1836 übernahm der ehemalige kurhessische Oberbergrat Carl Anton Henschel (1780–1861) das landgräfliche Unternehmen und spezialisierte sich in der Folgezeit auf die Produktion von Dampfkesseln, Dampfmaschinen, Feuerspritzen und Kanonen. Seit 1848 wurden bei Henschel Lokomotiven hergestellt (bis 1996), das Kasseler Werk wuchs zur bedeutendsten Lokomotivenfabrik Kontinentaleuropas heran. Doch auch andere Industrieunternehmungen konzentrierten sich seit Mitte des 19. Jahrhunderts in der kurhessischen Haupt- und Residenzstadt: Papier-, Fässer- und Handschuhfabriken florierten in Kassel ebenso wie Produktionsstätten zur Weiterverarbeitung von Stoffen und Textilien.

Und selbstverständlich bezog die sich entwickelnde Industrielandschaft Hessens maßgebliche Impulse aus der Rhein-Main-Region, die infolge ihrer außerordentlich verkehrsgünstigen Lage im Schnittpunkt europäischer Handelswege seit dem Mittelalter als wirtschaftliches Zentrum des gesamten Raumes gelten konnte. Frankfurt am Main wuchs als Messe-, Buch- und Verlagsort ab Mitte des 19. Jahrhunderts zur Großstadt heran und entwickelte sich zum Mittelpunkt eines immer weiter ausgreifenden Ballungsgebiets. Von herausragender Bedeutung war dabei das expandierende Banken-, Börsen- und Geldgeschäft, das den Handel mit Waren und Gütern der aus allen Gegenden Europas angereisten Messekaufleute mittels Festlegung einheitlicher Wechselkurse für die vielen unter Käufern und Verkäufern kursierenden Währungen zu regeln hatte. Der im frühen 19. Jahrhundert aufgekommene Handel mit Wertpapieren trug wesentlich zur Europäisierung und Internationalisierung des Finanzlebens im Rhein-Main-Gebiet bei. Später, in der zweiten Phase der Industrialisierung, dominierten im Großraum Höchst-Hofheim-Idstein-Wiesbaden besonders der Automobilbau sowie die Chemische Industrie. Im großherzoglich-hessischen Ort Rüsselsheim gründete der Schlosser Adam Opel (1837–1895) 1862 eine Fabrik für Nähmaschinen, die seit 1886 Fahrräder und seit 1898 Automobile produzierte (seit 1929 mehrheitlich im Besitz des US-Konzerns General Motors). Die chemischen Großfabriken der Region schlossen sich 1916 zu einer Interessengemeinschaft und 1925 zur I. G. Farbenindustrie mit Sitz in Frankfurt am Main zusammen. Daraus entstand der damals größte Industrietrust Deutschlands.

*Der Eisenbahnbau.* Nachhaltig gefördert wurde der Industrialisierungsprozeß während der zweiten Hälfte des 19. Jahrhunderts durch den Ausbau des Schienennetzes in den hessischen Territorien. 1846 wurde die «Rhein-Neckar-Bahn» von Frankfurt über Darmstadt nach Heidelberg eröffnet, gleichzeitig waren die «Kürfürst-Friedrich-Wilhelm-Nordbahn» um Kassel und die «Main-Weser-Bahn» von Gießen aus im Bau, gefolgt von der linksrheinisch um Mainz geführten «Ludwigsbahn».

1862 eröffnete die «Gießen-Deutzer Bahn»; sie stellte die Verknüpfung zwischen dem nassauischen Erzrevier und den rhei-
nisch-westfälischen Kohlegruben her. Ein Jahr später folgte die
«Lahnbahn» mit einem Streckenabschnitt von Wetzlar bis
Oberlahnstein. Von dort bestanden Verbindungen zum Schiffs-
verkehr auf dem Rhein oder zu den Rheinbahnen. Durch den
Export per Schiene nach Preußen, Belgien und Frankreich er-
schlossen sich die nassauischen Grubenbetriebe Abnehmer in
ganz Europa. In der Folgezeit wurde das hessische Eisenbahn-
netz dann kontinuierlich über die hessischen Grenzen hinweg
ausgedehnt, nach Preußen, Hannover und Bayern ebenso wie
nach Baden und in die Pfalz. Hessen wurde damit einmal mehr
zum Knotenpunkt zahlreicher neuer Verkehrswege, die in alle
Richtungen ausgriffen und sich als hervorragende Startbahnen
für den wirtschaftlichen Aufschwung des gesamten Raumes erwiesen.

*Gewerbefreiheit und Aktienbanken.* Bis in die 1860er Jahre
hinein waren in fast allen Territorien Hessens der wirtschaftlichen Entwicklung durch Zunftordnungen noch enge Regeln
auferlegt. Nur im Herzogtum Nassau galt seit 1814 die Gewerbefreiheit; Frankfurt am Main und das Großherzogtum Hessen-
Darmstadt vollzogen erst 1864 bzw. 1866 den Übergang zur
freien Gewerbeausübung, obwohl die Darmstädter Regierung
durch Agrar- und Infrastrukturreformen (Chausseenbau) schon
in der ersten Jahrhunderthälfte dafür prinzipiell die Voraussetzungen geschaffen hatte. In Kurhessen wurden die Zünfte gar
erst 1867, nach der Angliederung des Landes an Preußen und
der Übernahme der dort seit 1810 geltenden Freiheit der gewerblichen Betätigung, aufgehoben. Nun war in ganz Hessen
der Weg frei für eine kontinuierliche Entfaltung unternehmerischen Fleißes und wirtschaftlichen Könnens. Der rasante Aufstieg wäre jedoch kaum möglich gewesen, wenn sich nicht auch
in den hessischen Territorien zahlreiche Aktienbanken gebildet
hätten, die den erhöhten Finanzbedarf angesichts der beginnenden Industrialisierung durch Bereitstellung von Krediten für Ge-
werbe und Unternehmen zu decken vermochten. 1853 wurde die

«Bank für Handel und Industrie» mit Sitz in Darmstadt gegrün-
det («Darmstädter Bank»), 1854 erhielt die «Frankfurter Bank»
als Aktiengesellschaft ihre Konzession, und die «Nassauische
Landesbank» in Wiesbaden vergab bereits seit den 1840er Jahren Kredite an die expandierende heimische Montanindustrie.

*Zollpolitik.* Bereits zuvor, in den 1830er Jahren, waren die han-
dels- und zollpolitischen Voraussetzungen für den freien Waren-
austausch und den ungehinderten Güterverkehr zwischen den
hessischen Staaten untereinander und mit ihren Nachbarländern
geschaffen worden. 1828 hatte Hessen-Darmstadt mit Preußen
einen Vertrag über die Gründung eines preußisch-hessischen
Zollvereins geschlossen. Den Darmstädtern bot dieser Vertrag
ausgesprochen günstige Bedingungen. Preußen verzichtete auf
jegliche Vorrechte gegenüber dem schwächeren Partner und
nahm sogar gravierende Nachteile in Kauf. Die hessen-darmstädtische Zollverwaltung wurde nach preußischem Muster or-
ganisiert, die Zollämter beider Staaten unterstellten sich gegen-
seitiger Kontrolle. Hessen-Darmstadt übernahm den preußischen Zoll, die gemeinsamen Zolleinnahmen wurden nach dem
Verhältnis der Bevölkerungszahlen in Hessen-Darmstadt und
in den preußischen Westprovinzen geteilt. Hessen-Kassel hingegen hatte im gleichen Jahr 1828 eine Art Konkurrenzunter-
nehmen begründet – den «Mitteldeutschen Handelsverein»,
dem, neben Nassau und Frankfurt am Main, auch Sachsen,
Hannover, Braunschweig, Oldenburg, Bremen und die thüringischen Fürstentümer angehörten. Kurhessen sah sich allerdings
infolge zunehmender wirtschaftlicher Schwierigkeiten schon
1831 zum Anschluß an den preußisch-darmstädtischen Zollver-
band genötigt. Damit ergab sich die Möglichkeit einer Angleichung des preußischen Handelssystems an das der anderen mit-
tel- und süddeutschen Staaten. Dem 1834 ins Leben gerufenen
*Deutschen Zollverein* traten 1836 Nassau und Frankfurt am
Main bei. So war Hessen, unbeschadet seiner weiterhin bestehenden territorialpolitischen Zergliederung, erstmals zu einem
einheitlichen Wirtschaftsraum mit erheblich verbesserter Ver-
kehrsinfrastruktur zusammengewachsen.

### 3. Restauration, Revolution, Reaktion

*Hessen-Darmstadt.* Die sich aus all diesen industriellen und infrastrukturellen Fortschritten ergebende ökonomische Entwicklungsdynamik traf während des Vormärz in den sechs seit 1815 existierenden souveränen hessischen Territorien auf unterschiedliche politische Rahmenbedingungen. Das Großherzogtum Hessen-Darmstadt (8200 km²) zeichnete sich durch ein prinzipiell funktionierendes, den Zuständen in anderen frühkonstitutionellen Staaten des deutschen Südens nicht unähnliches Verfassungsleben aus. Die großherzogliche Regierung unter Ministerpräsident du Thil, der von 1829 bis 1848 amtierte, war von der Notwendigkeit einer gemäßigt reformorientierten Politik überzeugt. Trotz mancher Spannungen mit der in ihrer Mehrheit liberal gesinnten Zweiten Kammer (Abgeordnetenhaus), als deren Wortführer seit 1832 Heinrich von Gagern hervortrat, kam es in den 1830er und 1840er Jahren zu einer reformpolitischen Zusammenarbeit, in deren Gefolge sich die Konturen eines modernen Bürgerstaates allmählich abzuzeichnen begannen. Schulwesen und Wehrpflicht, Agrar-, Gewerbe- und Finanzverfassung, Städte- und Gemeindeordnung, Gerichtswesen und Verwaltungsorganisation – all das wurde neu strukturiert und effektiver gestaltet. In einigen Fragen, so etwa hinsichtlich der Judenemanzipation, vertrat du Thil sogar fortschrittlichere Auffassungen als die liberale Kammermehrheit, und als 1819 Angehörige der Unterschichten gegen die bürgerliche Gleichstellung der Juden randalierten, schritt die Darmstädter Regierung energisch dagegen ein. Soziale Konflikte größeren Ausmaßes gab es vornehmlich unter den Odenwälder Bauern und in den stärker industrialisierten Städten Mainz und Offenbach. Versuche radikaler außerparlamentarischer Kräfte, das Land mit Gewalt zu revolutionieren, erwiesen sich jedoch allesamt als erfolglos. Das galt nicht zuletzt für die Aktivitäten des aus Darmstadt stammenden Gießener Medizinstudenten und politischen Schriftstellers Georg Büchner. Als Autor einer sozialrevolutionären Flugschrift «Der Hessische Landbote» wollte Büchner 1834 unter dem frühsozialistischen Motto

«Friede den Hütten! Krieg den Palästen!» die Bauern und Handwerker der Region zum gewalttätigen Aufstand gegen ihre großherzogliche Obrigkeit aufwiegeln und einen republikanischen
Volksaufstand entfachen. Doch dazu fehlten in Hessen-Darmstadt jegliche Voraussetzungen, denn das großherzogliche Haus
erfreute sich in allen Bevölkerungsschichten des Landes damals wie später außerordentlicher Beliebtheit. Dies galt besonders für den ersten Großherzog Ludewig I., der das Land zu
einem bürgerlichen Verfassungsstaat gemacht hatte. Seine kompromißbereite und konsensorientierte Politik ließ ihn geradezu
als Musterbeispiel eines konstitutionellen Monarchen im vormärzlichen Deutschland erscheinen, der überdies durch rege
kulturelle Interessen hervortrat. Zahlreiche künstlerische Projekte wurden von ihm aus privaten Mitteln unterstützt, und das
hessische Denkmalschutzgesetz von 1818 – das erste seiner Art
in einem deutschen Territorium – verdankte der großherzoglichen Initiative wesentliche Anregungen. Die festliche Einweihung des Ludewig I. gewidmeten Säulenmonuments auf dem
Darmstädter Luisenplatz 1844 führte Bürger aus allen Teilen
Hessens zusammen und wurde zu einer eindrucksvollen Demonstration der Verbundenheit hessischer Landeskinder mit «ihrem» Herrscherhaus.

*Nassau.* Die Lage in den beiden anderen hessischen Flächenstaaten, in Nassau und Kurhessen, war demgegenüber von starken innenpolitischen Turbulenzen geprägt. Das Herzogtum
Nassau (5570 km²) hatte – als einer der ersten konstitutionell
verfaßten Staaten auf deutschem Boden – zunächst auch weiterhin durch bemerkenswerte, schon 1806 eingeleitete innere Reformen von sich Reden gemacht. Gewerbefreiheit und staatliche
Gesundheitspflege gehörten ebenso zu diesem Bündel reformpolitischer Maßnahmen wie die Beseitigung der Adelsprivilegien oder die Aufhebung der Leibeigenschaft. Auch Steuer-,
Verwaltungs- und Gebietsreformen wiesen das Land als fortschrittliches und zukunftsorientiertes Staatswesen aus. Dann
jedoch, nach dem Thronwechsel von 1816, erlosch der reformerische Elan zugunsten des Strebens nach einer Restauration des

monarchischen Herrschaftsanspruchs. In der Folgezeit kam es zu andauernden Streitigkeiten zwischen der Regierung und der Ständeversammlung, weil sich das herzogliche Haus (Herzog Wilhelm, ab 1816; Herzog Adolph, ab 1839) beharrlich weigerte, eine Trennung zwischen Privatvermögen und Staatseigentum vorzunehmen und besonders auf seinem uneingeschränkten Verfügungsrecht über den Dömänenbesitz, also die Krongüter beharrte. Sozialen Sprengstoff barg zudem das im Land herrschende strukturelle Mißverhältnis zwischen hoher Bevölkerungsdichte einerseits und relativ geringer Leistungsfähigkeit der Landwirtschaft andererseits, deren stark parzellierte kleinbäuerliche Betriebe wenig ertragreich produzierten. Glänzend und in oftmals starkem Kontrast zur Armut des ländlichen Raumes gestaltete sich indes das Leben in den nassauischen Bädern und Kurorten, allen voran in der Landeshauptstadt Wiesbaden. Sie verwandelte sich seit den frühen 1820er Jahren in einen Modekurort mit internationalem Flair. Die Herzöge investierten große Summen in die städtebauliche Ausgestaltung ihrer Residenz, was seinen sichtbarsten Ausdruck in der Vollendung des Herzoglichen Stadtschlosses 1841 durch Georg Moller (1784–1852) finden sollte. Heute (seit 1946) beherbergt es den Hessischen Landtag.

*Kurhessen.* Ähnlich gestalteten sich die Dinge im Kurfürstentum Hessen-Kassel (10000 km$^2$). Das arme und rückständige, stark agrarisch geprägte Land stand jahrzehntelang ganz im Zeichen aufreibender verfassungspolitischer Kämpfe. Zwar besaß der Kurstaat seit 1831 eine Volksvertretung (Ständeversammlung), welcher nicht nur das Recht zur Steuerbewilligung und die Befugnis zur Gesetzesinitiative zukam; das Kasseler Landesparlament hatte darüber hinaus auch die Möglichkeit, Anklage gegen verfassungsbrüchige Minister zu erheben – eine im frühkonstitutionellen deutschen Verfassungsrecht äußerst ungewöhnliche Kompetenz. Doch der seit 1831 faktisch (offiziell seit 1847) regierende Kurfürst Friedrich Wilhelm (1802–1875) ließ keine Gelegenheit aus, um diese und andere Bestimmungen der Verfassung zu unterlaufen und ein

autoritäres Regiment zu führen, das teilweise despotische Züge
trug.

*Frankfurt am Main.* Als problematisch erwies sich auch die
politische Situation in der Freien Stadt Frankfurt am Main
(103 km²). Die frühere Reichsstadt, bis 1806 Wahl- und Krönungsort der deutschen Könige und römisch-deutschen Kaiser
(letztmals 1792), hatte 1813/15 ihre 1806 verlorengegangene
Souveränität, nicht zuletzt dank der Bemühungen des Freiherrn
vom Stein, zurückerlangt und 1816 mit der «Konstitutions-Er-
gänzungs-Akte» eine Verfassung erhalten, die nun freilich mit
ihrer Privilegienvergabe an politisch Bevorrechtigte den Forderungen des Liberalismus nur bedingt entgegenkam und eher an
altständische Modelle patrizischer Herrschaft erinnerte als an
moderne Formen politischer Partizipation. Das Frankfurter
Bürgerrecht war an einen Vermögens- und Einkommensnach-
weis von beträchtlicher Höhe gebunden, was den überwiegenden Teil der Bevölkerung vom städtischen politischen Leben
ausschloß. Verglichen mit den Abgeordnetenkammern der frühkonstitutionellen deutschen Fürstenstaaten hatte die «Ständige
Bürgerrepräsentation» gegenüber dem «Regierenden Senat» als
dem eigentlichen politischen Machtzentrum des Stadtstaates
eine schwache Position. Ihre Hauptaufgabe bestand darin, die
städtischen Finanzen zu kontrollieren. Als Schlichtungsinstanz
zwischen Senat und Bürgerrepräsentation fungierte die «Gesetz-
gebende Versammlung», die an legislativen Maßnahmen, am
Abschluß von Staatsverträgen und bei der Festsetzung von Steuern beteiligt war. Sie besaß jedoch kein Petitionsrecht, durfte
von sich aus keine Gesetzesanträge einbringen und tagte zudem
in nichtöffentlichen Sitzungen. In allen drei Gremien dominierte
die städtische Elite aus wohlhabenden Kaufleuten und Bankiers
– eine Bürgeroligarchie, deren Herrschaftsanspruch mit den politischen, sozialen und wirtschaftlichen Forderungen der Frankfurter Handwerker vielfach kollidierte. Diese opponierten vor
allem gegen die vom Senat im Interesse der Kaufmannschaft
favorisierte Gewerbefreiheit. Schon 1819 hatte es im Rahmen
von Protestaktionen arbeitsloser Lehrlinge judenfeindliche Aus-

schreitungen in der Stadt gegeben, und es war wohl mehr als ein bloßer Zufall, daß sich radikale Studenten und Intellektuelle aus ganz Hessen im April 1833 zu einem – erfolglosen – Sturm auf die Frankfurter Hauptwache hinreißen ließen. Dieser sollte das Zeichen zum Sturz des Deutschen Bundes und zur Errichtung einer deutschen Republik geben. Denn Frankfurt war nach 1815 auch Sitz der Bundesversammlung, jenes obersten Organs der 41 im Deutschen Bund zusammengeschlossenen Staaten, welches vielfach und immer wieder als Symbol einer die nationalen und demokratischen Kräfte der Zeit hemmenden Politik angesehen wurde. Für Frankfurt selbst freilich brachte die Anwesenheit der Bundesversammlung manche Vorteile: Das Gremium besaß den Charakter eines ständig tagenden Gesandtenkongresses und trug in dieser Eigenschaft nicht unerheblich dazu bei, Wohlstand und internationalen gesellschaftlichen Glanz in die Stadt zu ziehen.

*Waldeck und Hessen-Homburg.* Eher biedermeierlich geprägt war das vormärzliche politische Leben hingegen in den beiden souveränen Miniatur-Monarchien Waldeck und Hessen-Homburg. Das Fürstentum Waldeck (1055 km²) im Nordwesten des heutigen Landes Hessen, ein waldreiches, abseits der großen Verkehrswege gelegenes Territorium, dessen Herrscherhaus von chronischen Finanzsorgen geplagt war, hatte 1816 unter seinem tatkräftigen und reformfreudigen Fürsten Georg-Heinrich (1789–1845) eine moderne Verfassung erhalten, die auch breiteren, besonders bäuerlichen Bevölkerungsschichten politische Mitspracherechte gewährte. Danach jedoch versank das Land in einen politischen Dämmerschlaf – bis zum Jahr 1828 fanden zunächst überhaupt keine Landtagssitzungen mehr statt. Das Fürstenhaus pflegte ein mildes, konsensorientiertes patriarchalisches Regiment und konnte mit beträchtlichen Sympathien im Land rechnen. Ähnliches galt für die Landgrafschaft Hessen-Homburg (261 km²), ein seit 1622 existierender, ab 1815 souveräner Zwergstaat, der 1866, nach dem kinderlosen Tod des letzten (seit 1848) regierenden Landgrafen Ferdinand (1783–1866), zunächst an Hessen-Darmstadt fiel und dann an Preu-

ßen abgetreten werden mußte. Eine Verfassung erhielt die Landgrafschaft erst 1850. Sie trat jedoch niemals in Kraft und wurde
bereits 1852 wieder aufgehoben.

*Die Revolution von 1848/49.* Die Märzrevolution von 1848
verlief in allen hessischen Staaten turbulent, doch zugleich un-
blutiger und unspektakulärer als in manchen anderen Städten
und Regionen Deutschlands, etwa in Wien, Berlin oder im Südwesten. Seine Zentren hatte der hessische Radikalismus in Gießen, Mainz, Hanau und Worms. In den Residenzorten Wiesbaden, Darmstadt und Kassel bewogen Massendemonstrationen in der ersten Märzhälfte 1848 die Regierungen und den
jeweiligen Landesherrn zur raschen Bewilligung der allseits er-
hobenen «Märzforderungen» – und das waren Pressefreiheit,
allgemeines Versammlungs-, Vereinigungs- und Petitionsrecht,
freie allgemeine Wahlen, Einberufung eines deutschen Parla-
ments, völlige Gewissens- und Religionsfreiheit, Volksbewaff-
nung und Vereidigung der Armee auf die Verfassung sowie
öffentliche Geschworenenprozesse in Strafsachen. Diesen demokratischen Anliegen trug man im Großherzogtum Hessen-
Darmstadt, im Kurfürstentum Hessen-Kassel und im Herzogtum Nassau durch Berufung führender Vertreter der liberalen
Bewegung zu leitenden Ministern des jeweiligen Landes Rechnung: Heinrich von Gagern (1799–1880) in Darmstadt, Bernhard Eberhard (1795–1860) in Kassel und August Hergenhahn
(1804–1874) in Wiesbaden. Frankfurt am Main, im Revolu-
tionsjahr ohnehin ein Zentrum zahlreicher Demokraten-, Ar-
beiter- und Gesellenkongresse, wurde zum Ort der am 18. Mai
1848 in der Paulskirche eröffneten ersten deutschen National-
versammlung, deren Präsidium Heinrich von Gagern übertragen wurde. Neben den Märzforderungen artikulierten Vertreter
der liberal-demokratischen Bewegung im hessischen Raum
gleichzeitig den Wunsch nach einem Zusammenschluß Kurhessens, Hessen-Darmstadts und Hessen-Homburgs zu einem
«großhessischen» Gesamtstaat. Bereits in den 1830er Jahren
hatte es mehrfach Tagungen und Versammlungen von «Freun-
den der hessischen Eintracht» gegeben, welche die dynastisch

bedingten innerhessischen Landesgrenzen überschritten und eine Überwindung der kleinstaatlichen Strukturen anstrebten.

Solche Vorhaben sind seinerzeit nicht realisiert worden, und manch andere Hoffnungen der in Hessen damals aktiven demokratischen Nationalbewegung sollten sich mit der endgültigen Liquidierung der Revolution im Juni 1849 gleichfalls zerschlagen. Dennoch blieben nach dem teilweise erfolgten Widerruf der Märzerrungenschaften seitens der Landesherrn zumindest in Darmstadt und Wiesbaden wesentliche Neuerungen des Revolutionsjahres erhalten. Neben der Herausbildung eines modernen Partei- und Vereinswesens zählten dazu nicht zuletzt die seit Gewährung der Pressefreiheit in großer Zahl neu entstehenden Zeitungen und Zeitschriften, die in Hessen rasch einen politischen Informationsmarkt schufen.

*Politische Reaktion in Kurhessen.* Für Hessen-Kassel indes brachte die revolutionäre Erhebung von 1848 lediglich eine Verschnaufpause im Ringen um die politische Modernisierung des Landes. Kurfürst Friedrich Wilhelm schwenkte bei der ersten sich bietenden Gelegenheit zum reaktionären Kurs zurück und ernannte mit Ludwig Hassenpflug (1794–1862), dem Schwager der Brüder Grimm, einen ausgewiesenen Verfassungsgegner zum Ministerpräsidenten. Hassenpflug («der Hessen Fluch») betrieb eine Politik kombinierter Landtagsauflösung und Notverordnungen, die nahezu alle Energien des Landes verschlang. Infolge anhaltenden Widerstands großer Teile der Bevölkerung sah sich die kurfürstliche Regierung 1850 in der Notwendigkeit, bayerische Interventionstruppen zu Hilfe zu rufen. Daraufhin trat in einem spektakulären Akt nahezu das gesamte kurhessische Offizierskorps zurück – 241 von 277 Truppenkommandeuren gaben ihre Patente ab –, weil den Soldaten der Eid auf die Verfassung offensichtlich mehr galt als die Treue gegenüber ihrem Landesherrn. Hinzu kam, daß der letzte hessische Kurfürst auch charakterlich seinem Amt nicht gewachsen war: Kleinlich, starrköpfig und gehässig, von einer peinlichen Mätressenwirtschaft umgeben, bot er das im Deutschland des 19. Jahrhunderts sonst nirgendwo anzutreffende Bild eines Monarchen ohne Stil und Würde. 1866, im preußisch-österreichischen Krieg, ergriff Friedrich Wilhelm offen Partei für Wien – nicht zuletzt auch deshalb, weil die Habsburger seinen ehelichen Fehltritten mit erheblich größerer Toleranz begegneten als die darüber empörten Hohenzollern in Berlin.

*Die Annexionen.* Das Ergebnis dieser kurzsichtigen Politik, die im Widerspruch zu den Auffassungen der Mehrheit der Kasseler Landtagsabgeordneten stand, ist bekannt: Österreich und seine Verbündeten verloren den Krieg, und Kurhessen wurde von preußischen Truppen besetzt. Kurfürst Friedrich Wilhelm mußte auf seinen Thron verzichten, er starb 1875 im böhmischen Exil. Die große Mehrheit seiner Untertanen trauerte ihm nicht nach. Lediglich eine kleine Gruppe extrem konservativer lutherisch-orthodoxer Pastoren um den Theologen, Literaturhistoriker und Marburger Professor August Vilmar (1800–1868) blieb der entthronten Dynastie weiterhin anhänglich. Vilmar, der seine politische Laufbahn 1831 als liberaler Abgeordneter in der kurhessischen Ständeversammlung begonnen hatte, war als Mitarbeiter im Ministerium Hassenpflug zum Propagandisten der politischen Reaktion geworden, die er theologisch zu rechtfertigen versuchte. Aus seiner Anhängerschaft in der oberhessischen Geistlichkeit formierte sich nach 1866 die streng lutherisch gesinnte Kirchenpartei der «Hessischen Renitenz» mit entschieden antipreußischer Ausrichtung, die aber, trotz Herausgabe mehrerer Zeitschriften (*Hessische Blätter, Hessisches Volksblatt*) und gesuchter Zusammenarbeit mit der hannoverschen Welfenpartei, politisch weitgehend bedeutungslos blieb.

Auch im Herzogtum Nassau hatte der Regent, Herzog Adolph (1817–1905), 1866 im Widerspruch zur liberalen Landtagsmehrheit gegen Preußen mobilisiert und war daraufhin seiner Herrschaft verlustig gegangen. Doch der Nassauer Herzog hatte mehr Glück als der Kasseler Kurfürst. Ein Vierteljahrhundert nach seinem Thronverlust in Wiesbaden wurde er noch einmal regierender Fürst eines souveränen europäischen Staates. Als 1890 der Thron des Großherzogtums Luxemburg vakant wurde, fiel dem Haus Nassau-Weilburg die Erbfolge zu. Adolph regierte sein neues Land pflichtbewußt und verfassungstreu bis zu seinem Tod im Jahr 1905 und gelangte dort zu hohem Ansehen – sein Nachfahr amtiert noch heute als Großherzog (seit Oktober 2000: Heinrich I.).

Anders als in Kurhessen und in Nassau kam es bei der Annexion der Freien Stadt Frankfurt am Main durch Preußen 1866 zu heftigen Turbulenzen. Frankfurt war im preußisch-österreichischen Krieg neutral geblieben, trotzdem wurde es von preußischen Truppen besetzt, weil Bismarck die traditionell austrophile, überwiegend antipreußische Stimmung in der Stadt aus seiner Zeit als Gesandter am dortigen Bundestag in unguter Erinnerung hatte. Auch zeigte Frankfurt keinerlei Bereitschaft, freiwillig an die Seite Preußens zu treten. Den Frankfurter Bürgern wurden von der preußischen Besatzungsmacht hohe Lasten für Einquartierung und Requisitionen auferlegt, und als man die Kontribution nicht sogleich entrichtete, wurde die Stadt für mehrere Tage vollständig vom Verkehr mit der Außenwelt abgesperrt. Über all diesen Turbulenzen verlor der amtierende Bürgermeister, der durchaus preußenfreundlich eingestellte Carl Fellner (1807–1866), die Nerven und beging Selbstmord. Erst ein Telegramm des preußischen Königs Wilhelm I. machte den fragwürdigen Zwangsmaßnahmen zur Eintreibung der Kontribution ein Ende.

# V. Zwischen Autonomie und Marginalisierung

## I. Hessen im Kaiserreich

*Unter preußischer Verwaltung.* Das Jahr 1866 brachte für den hessischen Raum die wohl größte politische Umwälzung in seiner neueren Geschichte. Vier der sechs hessischen Territorien, die nach 1815 als souveräne Staaten in den Grenzen des Deutschen Bundes existiert hatten (Kurhessen, Nassau, Frankfurt am Main und die Landgrafschaft Hessen-Homburg) büßten ihre landesstaatliche Eigenständigkeit als Folge des preußisch-österreichischen Krieges von 1866 endgültig ein. Sie kamen allesamt unter preußische Herrschaft. Aus dem Kurfürstentum Hessen wurde der preußische Regierungsbezirk Kassel, aus dem Herzogtum Nassau und der Freien Stadt Frankfurt am Main der preußische Regierungsbezirk Wiesbaden. Beide zusammen bildeten seit 1867 die preußische Provinz Hessen-Nassau mit Kassel als Provinzhauptstadt. Durch die Einteilung der neuen Provinz in zwei Regierungsbezirke wurde dem historisch gewachsenen Eigenleben der beiden Landesteile Rechnung getragen. In Kurhessen und Nassau hatten viele Anhänger liberaler und nationalstaatlicher Ideen, verbittert infolge der Intransigenz ihrer bisherigen Regenten, alle Hoffnungen auf eine Verbesserung der politischen und wirtschaftlichen Verhältnisse ohnehin schon längst mit einer inneren Annäherung an den Hohenzollernstaat verknüpft. Und tatsächlich kam es unter der neuen preußischen Verwaltung in nicht wenigen Bereichen zu einem deutlichen Aufschwung der – abgesehen von Frankfurt – weithin als rückständig geltenden Regionen. Selbst die Übernahme des preußischen Dreiklassenwahlrechts war, gemessen an den in Kurhessen und Nassau bisher geltenden Wahlrechtsbestimmungen, ein Fortschritt.

Maßgeblich trug der Aufstieg des sich rasch industrialisierenden Rhein-Main-Gebiets zum dominierenden Wirtschaftsraum des Bismarckreiches zur Integration der hessischen Erwerbungen in den preußischen Staatsverband bei. Frankfurt am Main, die große, zentral gelegene Messestadt, deren Einwohnerzahl sich zwischen 1830 und 1875 von 49 000 auf 103 000 mehr als verdoppelte, profitierte nach der Reichseinigung 1871 von dem nun einsetzenden «Gründerboom». In den ersten Jahren des Kaiserreichs überflügelte die Stadt als Börsenzentrum kurzzeitig sogar die Berliner Konkurrenz. Um dem Ansturm gewachsen zu sein, wurde die Errichtung eines neuen Börsengebäudes beschlossen, das 1879 fertiggestellt war – eine imposante Architekturschöpfung im Baustil der italienischen Neo-Renaissance. Darüber hinaus formierten sich in der Epoche des Kaiserreichs zunehmend große Aktiengesellschaften, deren Verwaltungsbauten neben den Großbanken das Bild der Stadt zu prägen begannen. Jetzt kam die große Zeit der international agierenden Frankfurter Bankiersfamilien – der Bethmanns (seit 1748), der Metzlers (seit 1674), der Rothschilds (seit 1780), mit ihren europäischen Kapitalverflechtungen und mit ihrer Tradition grenzüberschreitenden Geld-, Waren- und Güterverkehrs. Ihre Tätigkeit reichte weit über den deutschen Handels- und Währungsraum hinaus und machte Frankfurt zum Zentrum des Geschäfts mit Staatsanleihen, Schuldverschreibungen und Wertpapieren. Bis zum Ende des 19. Jahrhunderts war die Frankfurter Rothschild-Bank die unbestritten größte deutsche Privatbank.

Auch im Bildungs- und Wissenschaftssektor brachte die preußische Verwaltung für die 1866 annektierten Gebiete Kurhessen und Nassau in den Jahrzehnten des Kaiserreichs einen deutlichen Aufschwung. Das Analphabetentum, vor allem im ehemaligen Kurfürstentum Hessen zu Beginn der 1870er Jahre noch in überdurchschnittlich hohem Maß verbreitet, war um die Jahrhundertwende verschwunden. In der Provinzhauptstadt Kassel, wie auch in Wiesbaden, entstanden zahlreiche neue Kulturbauten – Museen und Galerien ebenso wie Bibliotheken und Theater. Ab 1872 erhielt die Universität Marburg durch umfassende Neubaumaßnahmen des preußischen Kultusministeriums ihr heutiges Gepräge. Im Oktober 1914 schließlich startete die von wohlhabenden, zum Teil jüdischen Bürgern gestiftete Universität in Frankfurt am Main trotz des Kriegsausbruchs mit 618 eingeschriebenen Studierenden ihren Lehrbetrieb. Es war die letzte im Kaiserreich gegründete Hochschule, eine Ausnahmeerscheinung unter den bestehenden Universitäten des preußischen Staates, denn sie wurde ausschließlich aus privaten Mitteln finanziert.

Von nicht zu unterschätzender Bedeutung für die Akzeptanz der preußischen Herrschaft in Hessen war schließlich auch die demonstrative Verbundenheit mit der Region, die das hohenzollernsche Königshaus nach 1871 immer wieder bekundete. Sowohl Wilhelm I. als auch Wilhelm II. kamen oft und gerne nach Hessen. Bad Ems (heute in Rheinland-Pfalz) war der bevorzugte Kurort des alten Kaisers, seinen Enkel zog es eher in die eleganten Taunusbäder, allen voran nach Bad Homburg, wodurch der kleine Ort am Südhang des Taunus – bis 1866 als Sitz der Landgrafen von Hessen-Homburg immerhin Haupt- und Residenzstadt eines souveränen deutschen Zwergterritoriums – internationale Bekanntheit erlangte. Auch Wiesbaden verdankte der Zuwendung Wilhelms II. manchen neuen städtebaulichen Akzent. Im 1894 fertiggestellten Neubau des Königlichen Hoftheaters fanden seit 1896 alljährlich glanzvoll inszenierte Maifestspiele statt, zumeist in Anwesenheit des Monarchen («Kaiserfestspiele»). Noch stärker profitierte Kassel von der Gunst des Kaisers, der hier von 1874 bis 1879 seine Gymnasialzeit verbracht hatte und nun Schloß Wilhelmshöhe zur Sommerresidenz wählte. In Kassel wurde 1909 ebenfalls ein neues Hoftheater eröffnet; repräsentative Verwaltungsbauten der preußischen Regierung gaben der Funktion des Ortes als Provinzhauptstadt weithin sichtbaren Ausdruck.

*Das Großherzogtum Hessen.* Während für die Bürger der Provinz Hessen-Nassau seit 1871 der deutsche Kaiser – als König von Preußen – die unmittelbare politische Bezugsgröße gewesen ist, was dort eine hohe Identifikation mit dem Kaiserreich nach sich gezogen hat, existierten für die Einwohner des Großherzogtums Hessen-Darmstadt und des winzigen nordhessischen

Fürstentums Waldeck noch die jeweiligen Landesherrn als Kristallisationspunkte regionaler politischer Identitäten – beide Länder konnten ihr staatliches Dasein in den 1871 gegründeten deutschen Nationalstaat hinüberretten. Hessen-Darmstadt war 1866 zunächst gleichfalls zur Annexion durch Preußen vorgesehen, denn auch die Darmstädter hatten im Krieg auf österreichischer Seite gefochten und standen mithin im Lager der Verlierer. Das Land verdankte den Erhalt seiner Unabhängigkeit allein der Intervention des mit dem großherzoglichen Haus eng verwandten Zarenhofes. Die Schwester des seit 1848 regierenden Großherzogs Ludwig III. (1806–1877), als Marija Alexandrowna Gattin des russischen Zaren Alexander II., ließ über ihren Gemahl bei Bismarck massiv zugunsten des Erhalts ihres Heimatlandes als Gliedstaat des sich formierenden Norddeutschen Bundes intervenieren. Im Fall einer Annexion Darmstadts durch Preußen drohte der Zar mit dem Einmarsch russischer Truppen nach Ostpreußen.

*Darmstadt unter Ernst Ludwig.* Im späten Kaiserreich vermochte Hessen-Darmstadt dann noch einmal starke internationale Aufmerksamkeit auf sich zu ziehen. Das lag vor allem an der Person des letzten dort (seit 1892) regierenden Monarchen, des Großherzogs Ernst Ludwig (1868–1918). «Unser Großherzog», so berichtete der rheinhessische Schriftsteller Carl Zuckmayer (1896–1977) in seinen Lebenserinnerungen, «konnte der Sympathie seiner Landsleute, bis in die Kreise der radikalen Intellektuellen und der revolutionären Arbeiterschaft sicher sein. Er war ein urbaner, gebildeter Herr, der ... sich in der Kriegszeit niemals zu militanten oder hurra-patriotischen Kundgebungen mißbrauchen ließ. ... Ich habe ihn oft während meiner Gymnasialzeit in seiner Theaterloge gesehen, eine schlanke Gestalt im dunklen Anzug, mit schmalem, feinem Gesicht, wenn er zu einem besonderen Konzert in Mainz erschien und die stehende, ehrfurchtsvolle Begrüßung durch das Publikum, sichtlich etwas verlegen, mit einer liebenswürdig-bescheidenen Geste erwiderte» (Werkausgabe 1976, Bd. 1, S. 261). Zuckmayers Lob war mehr als berechtigt. Ernst Ludwig erwies sich nicht nur als moderner Regent von großem Weitblick, mit unverkrampften Kontakten zu allen politischen Gruppierungen des Landes, einschließlich der hessischen Sozialdemokraten. Der kunstbegeisterte Großherzog war darüber hinaus auch ein eifriger Anhänger und Förderer der damals modernsten Kunstrichtung in Deutschland, des «Jugendstils». Durch die Gründung der Künstlerkolonie auf der Darmstädter Mathildenhöhe, den Aufbau von Manufakturen für angewandte Kunst und die Errichtung von Produktionsstätten für bibliophile Bücher («Ernst-Ludwig-Presse») schuf er der neuen Kunstauffassung Raum und Entfaltungsmöglichkeiten. Namhafte Jugendstilkünstler wie Peter Behrens und Hans Christiansen, Ludwig Habich und Josef Maria Olbrich wurden damals nach Darmstadt verpflichtet.

Eine Art Bilanz dieser Bemühungen bot die 1901 auf der Mathildenhöhe eröffnete, weitgehend vom Großherzog selbst konzipierte und verantwortete Ausstellung «Ein Dokument deutscher Kunst», die das Anliegen des «Jugendstils» – die Verknüpfung von Kunst und Handwerk zu einem neuen Wohn- und Lebensgefühl – in einer fünfmonatigen, auf große internationale Resonanz treffenden Leistungsschau präsentierte. Während man 1901 vorzugsweise luxuriöse Kostbarkeiten vorgestellt hatte, bot die 1908 in Darmstadt gezeigte «Hessische Landesausstellung für freie und angewandte Kunst» Stücke, die auch für nicht überreich bemittelte Bürger erschwinglich waren, unter anderem im Rahmen eines sich durch billige Wohnungen auszeichnenden Arbeiterdorfes. Bis zum Ausbruch des Ersten Weltkriegs im August 1914 blieb Darmstadt der wichtigste Vorposten der architektonischen und kunstgewerblichen Avantgarde in Deutschland und hat sich in diesem Sinn als Erinnerungsort bei jenen, die damals aktiv am Geschehen beteiligt waren, unauslöschlich eingeprägt. «Für uns, als wir jung waren», meinte etwa der spätere erste Präsident der Bundesrepublik Deutschland, Theodor Heuss, in einem Rückblick auf seine Jugendzeit, «begann das zwanzigste Jahrhundert, als Versprechen wie als Aufgabe, recht eigentlich in Darmstadt» (Lob der Provinz, 1967, S. 57). Von den breitgefächerten kulturpolitischen Aktivitäten des Darmstädter Großherzogs profitierte im übrigen nicht nur

das künstlerische Niveau seines Landes, sondern auch dessen
wirtschaftliche Entwicklung. Denn die programmatisch betriebene Verbindung von Kunst und Handwerk, wie sie die Darmstädter Jugendstil-Künstler und «ihr» Großherzog propagierten,
führte zu einer spürbaren Qualitätssteigerung des lokalen Hand-
werks und zu einem deutlichen ökonomischen Aufschwung mit-
telständischer Gewerbebetriebe, besonders der Darmstädter Mö-
belindustrie.

*Parteien und Wahlen.* Das politische Leben im Großherzogtum wurde in den Jahren des Kaiserreichs weitgehend von den
Nationalliberalen dominiert. Allerdings wuchs die Bedeutung
der Sozialdemokratie stetig an, vor allem in den industrialisierten Gebieten um Mainz und Offenbach. Gegen die Bedenken
des liberal gesinnten und auf Ausgleich bedachten Großherzogs
Ludwig IV. (1837–1892) waren die Bestimmungen des Bismarck-
schen Sozialistengesetzes ab 1878 in Hessen-Darmstadt zur Anwendung gelangt, wenngleich die praktische Durchführung dort
weniger restriktiv gehandhabt wurde als andernorts. Doch kam
es auch in Darmstadt zu Verboten sozialdemokratischer und ge-
werkschaftlicher Vereine. In der preußischen Provinz Hessen-
Nassau waren darüber hinaus Zeitungen der SPD von dem Ver-
bot betroffen. Verhindert werden konnte deren Aufstieg durch
solche Repressalien bekanntermaßen nicht. 1881 zogen für die
Wahlkreise Hanau und Offenbach erstmals hessische Sozialdemokraten in den Deutschen Reichstag ein, 1884 ging auch
der Wahlkreis Frankfurt am Main an die SPD.

Während bei den Wahlen zum Deutschen Reichstag in allen
Teilen Hessens das allgemeine und gleiche Wahlrecht galt, wurde
der Landtag des Großherzogtums Hessen-Darmstadt ebenso
gemäß den Bestimmungen eines Zensuswahlrechts gewählt wie
das preußische Abgeordnetenhaus in Berlin, in das die Bürger
der Provinz Hessen-Nassau ihre Vertreter entsandten. Das Drei-
klassenwahlrecht bestand in der preußischen Provinz Hessen-
Nassau bis zum Ende des Kaiserreichs, im Großherzogtum
Hessen-Darmstadt hingegen wurde 1911 ein neues Landtags-
wahlrecht eingeführt. Es brachte insofern eine weitere Demokra-

tisierung des politischen Lebens, als nun die Abgeordneten von allen steuerzahlenden männlichen Staatsbürgern über 25 Jahre direkt und geheim gewählt wurden. Allerdings gewährte man den über 50jährigen eine «Zusatzstimme», um der Lebenserfahrung älterer Wähler politisches Gewicht zu verleihen. Auch in den letzten Vorkriegsjahren blieben die Nationalliberalen im Darmstädter Landtag – vor den jeweils etwa halb so großen Fraktionen der SPD, des Zentrums und der Fortschrittspartei – stärkste politische Kraft, dicht gefolgt vom «Hessischen Bauernbund», der deutlich judenfeindliche Zielsetzungen verfolgte.

*Antisemitismus.* Überhaupt war Hessen eine zeitlang, zumal in den 1890er Jahren, eine Hochburg antisemitischer Parteien, die stärkste im ganzen Reich. 1887 war der Marburger Bibliothekar, Publizist und Volksliedforscher Otto Böckel (1859–1923) für den Wahlkreis Marburg-Frankenberg in den Reichstag gewählt worden, dem er über fünfzehn Jahre lang angehören sollte (bis 1903). 1890 gründete er die «Antisemitische Volkspartei» (seit 1893: «Deutsche Reformpartei»), unter deren Einfluß der ebenfalls seit 1890 existierende und von Böckel geführte «Mitteldeutsche Bauernverein», ein Vorläufer des «Hessischen Bauernbundes», in den agrarisch geprägten Regionen Oberhessens und im südhessischen Odenwald eine rabiat antisemitische Agitation entfachte. Ihr Höhepunkt war 1893 erreicht, als die «Deutsche Reformpartei» elf Reichstagsmandate erringen konnte, acht davon in Hessen. Böckel und seine Partei warben mit adelsfeindlichen und antikapitalistischen Parolen und bedienten sich dabei des Klischees vom «Viehjuden», der als Getreide- und Nutztierhändler die Bauern drangsaliere, sowie der Legende vom jüdischen Großkapitalisten, der die unbemittelten Arbeiter als Opfer seiner Börsenspekulationen in den Ruin treibe. Daß solche Propaganda-Parolen zeitweise erhebliche Resonanz fanden, verwies auf soziale Verwerfungen und auf angestautes gesellschaftspolitisches Konfliktpotential im Land. Der Erfolg der Antisemiten-Partei in Hessen darf indes auch nicht überschätzt werden. Nach 1900 versank sie, übrigens reichsweit, in die politische Bedeutungslosigkeit, und sowohl die Darmstädter als auch die Kasseler Regierung setzten der Agitation der Antisemiten energischen Widerstand entgegen.

*Soziale Lage.* Zum Schwinden der antisemitischen Erfolge in Hessen, die sich eben nicht zuletzt aus sozialen Mißstimmungen herleiteten, mochte auch die Tatsache beitragen, daß sich die Situation der weniger bemittelten Schichten in den beiden letzten Jahrzehnten des Kaiserreichs sichtlich verbesserte. 1910 waren die Reallöhne der Arbeiter im Vergleich zum Jahr 1870 um durchschnittlich 90% gestiegen, gerade in hessischen Betrieben war dieser Anstieg besonders deutlich zu spüren. Bei der Firma Opel in Rüsselsheim war 1912 ein Tarifvertrag zustandegekommen, der den Arbeitern einen Mindestlohn garantierte und finanzielle Zuwendungen gewährte. In den meisten Unternehmen gab es geregelte Arbeitszeiten, viele von ihnen, vor allem die großen, boten ihren Mitarbeitern freiwillige Sozialleistungen. Die Chemie- und Farbenfabrik Hoechst bei Frankfurt und das Arzneimittelunternehmen Merck in Darmstadt besaßen eigene Werkswohnungen, der Waggonhersteller Wegmann in Kassel verfügte über ein eigenes Schwimmbad, und das Lokomotivenwerk Henschel, ebenfalls in Kassel, ermöglichte seinen Mitarbeitern den Besuch weiterführender Lehr- und Ausbildungsstätten. 1906 streikten in Offenbach die Metallarbeiter, es kam zu Aussperrungen und Protestaktionen, schließlich einigten sich Gewerkschaften und Arbeitnehmer auf eine Lohnerhöhung.

## 2. Von der Demokratie zur Diktatur

*Hessen wird Republik.* Hessische Regimenter hatten nach Ausbruch des Ersten Weltkriegs 1914 an den verschiedensten Fronten in West und Ost gekämpft und vor allem bei Gefechten in Belgien schwere Verluste erlitten. Allein die Stadt Frankfurt am Main verzeichnete 1918 über 10 000 Kriegstote, von allen auf dem Territorium des Großherzogtums Hessen vor 1914 zwischen 15 und 40 Jahre alten Männern war etwa ein Achtel ums Leben gekommen. Großherzog Ernst Ludwig hatte seit 1915 in Briefen an seinen Schwager, Zar Nikolaus II. von Rußland, mehrfach eine Friedensvermittlung angeregt und im März 1917 mit gebotenem Ernst sein 25jähriges Thronjubiläum begehen können. Seine Position blieb bis zum November 1918 unangefochten. Im Oktober 1918 war sogar kurzzeitig ein hessischer Prinz, Friedrich Karl von Hessen-Kassel (1868–1940), als Kandidat für den neugeschaffenen finnischen Königsthron im Gespräch. Das abrupte Ende der landesherrlichen Monarchie in Darmstadt jedenfalls entsprach angesichts der uneingeschränkten Popularität des großherzoglichen Hauses keineswegs dem Wunsch der überwiegenden Mehrheit der Bevölkerung. Hessens letztes gekröntes Haupt teilte nach dem verlorenen Ersten Weltkrieg das Los aller deutschen Bundesfürsten, deren Stellung im Strudel der Kriegsniederlage und des militärischen Zusammenbruchs implodierte. Am 8. und 9. November 1918 kam es in allen größeren Städten Hessens zu Unruhen – meist provoziert von revolutionären Matrosen – und zur Übernahme der Vollzugsgewalt durch Arbeiter- und Soldatenräte. Der in Darmstadt gebildete «Hessische Arbeiter-, Soldaten- und Bauernrat» erklärte Hessen zur «freien sozialistischen Republik» und Ernst Ludwig für abgesetzt. An die Stelle des Großherzogtums Hessen trat der «Volksstaat Hessen» mit einer republikanischen Staats- und einer parlamentarischen Regierungsform. Das Land gab sich eine Verfassung liberal-demokratischen Zuschnitts, die am 12. Dezember 1919 in Kraft trat und durch Wahlgesetze ergänzt wurde.

Die Verfassung des «Volksstaates Hessen» bekannte sich zum Prinzip der Volkssouveränität und führte erstmals das allgemeine, gleiche Wahlrecht auch für Frauen ein. Zudem gewährte sie die Möglichkeit von Volksbegehren und Volksabstimmungen. Neben der Gesetzgebung und der Steuerbewilligung gehörten zu den Aufgaben und Rechten der Volksvertretung die Einsetzung, Kontrolle und Abberufung des Ministeriums sowie die Wahl des Ministerpräsidenten – im Volksstaat Hessen trug er den Titel «Staatspräsident». Das Amt verblieb während der gesamten Weimarer Zeit bei den Sozialdemokraten. All das waren zentrale Elemente zur Förderung einer demokratischen politischen Kultur modernen Zuschnitts. Wenn sie in den Folgejahren gleichwohl nicht jene Entwicklungsdynamik entfalteten, die sich ihre Urheber wohl von ihnen erhofft hatten, so lag dies wesentlich an der generell stark eingeschränkten politischen Mitwirkungsmöglichkeit der deutschen Länder nach 1919. Denn die Weimarer Verfassung hatte deren Einfluß im Vergleich zur föderalistischen Ordnung des Kaiserreichs von 1871 erheblich reduziert und ihnen nur noch minimale Eigenrechte zugebilligt.

*Die Franzosen in Hessen.* Ein Problem von drückender Brisanz für den Volksstaat Hessen ergab sich aus der Besetzung des Rheinlands durch Truppen der französischen Siegermacht gemäß den Waffenstillstandsbedingungen vom November 1918 und den Bestimmungen des Versailler Vertrages von 1919. Die auf eine Dauer von 15 Jahren befristete Rheinlandbesetzung betraf das gesamte linksrheinische Rheinhessen sowie südlich des Mains die Kreise Groß-Gerau und Offenbach und reichte bis in die Randbezirke der Landeshauptstadt Darmstadt. Auch Gebiete der preußischen Provinz Hessen-Nassau im Regierungsbezirk Wiesbaden, im Rheingau, im Taunus und im nördlichen Nassau gehörten zur besetzten Zone. Faktisch unterstanden damit ein Viertel des Territoriums und mehr als ein Drittel der Bevölkerung des Volksstaates Hessen französischer Beaufsichtigung und waren so dem unmittelbaren Einfluß der Darmstädter Landesregierung entzogen. Die Bewohner unterlagen dem Kriegsrecht mit nächtlicher Ausgangssperre, Zensur und Versammlungskontrolle. Verkehrsbeziehungen und Verwaltungskontakte zur besatzungsfreien Zone wurden unterbrochen. Es war offensichtlich, daß die Besatzungspolitik der französischen Militärverwaltung weitergehende politische Ziele verfolgte. Sie gewährte der kleinen, auch in Rheinhessen und im preußischen Regierungsbezirk Wiesbaden aktiven Gruppe rheinischer Separatisten tatkräftige Unterstützung, als diese 1919 und erneut 1923/24 versuchte, eine «Rheinische Republik» in enger Anlehnung an Frankreich zu errichten. Der vorzeitige Abzug der französischen Besatzungstruppen im Juli 1930 wurde in ganz Hessen begeistert gefeiert.

*Waldeck*. Politisch führend waren in der Weimarer Republik bis Anfang der 1930er Jahre die Sozialdemokraten – sowohl im Volksstaat Hessen als auch in der Provinz Hessen-Nassau, die im Rahmen des preußischen Staatsverbandes weiterbestand. Nur in Waldeck dominierten nach 1918 die konservativen und rechtsliberalen Parteien. Dort war ohnehin keine Bereitschaft zu revolutionären Aktionen vorhanden gewesen. Das besonders hohe Maß an Beliebtheit des durch soziales und karitatives Engagement ausgezeichneten Fürstenhauses hatte dazu geführt, daß der seit 1893 regierende Fürst Friedrich (1865–1946) – als letzter deutscher Landesherr – erst am 13. November 1918 durch eigens angereiste Vertreter des Kasseler Arbeiter- und Soldatenrats für abgesetzt erklärt wurde, ohne daß sich daraus unmittelbare verfassungsrechtliche Konsequenzen ergeben hätten, zumal die meisten Bürger Waldecks in der Existenz der Monarchie, nicht zu Unrecht, eine Garantie der staatlichen Unabhängigkeit ihres kleinen Landes erblickten. Der Fürst residierte weiterhin in seinem Schloß in Arolsen, und da die waldeckschen Politiker in den 1920er Jahren für ihr Land keine neue republikanische Verfassung ausarbeiteten, blieb die monarchische Konstitution von 1849/52 formell bis zum Anschluß des Landes an Preußen 1929 in Kraft.

*Parlament und Parteien*. Im Volksstaat Hessen hingegen hatte die SPD bei der Wahl zur verfassunggebenden Versammlung im Januar 1919 44,5% aller Stimmen erhalten und bildete mit den Linksliberalen (DDP: 18,9%) und der politischen Interessenvertretung der deutschen Katholiken (Zentrum: 17,6%) eine Koalitionsregierung. Auch die unter dem Kabinett des von 1919 bis 1928 amtierenden SPD-Staatspräsidenten Carl Ulrich (1853–1933) durchgeführten ersten drei Landtagswahlen ergaben eine klare Mehrheit für die drei Parteien der 1918 erstmals gebildeten «Weimarer Koalition» (1921: 42, 1924: 43, 1927: 42 von 70 Parlamentssitzen). Das garantierte zunächst relativ stabile Verhältnisse im Land. Diese änderten sich erst unter dem Eindruck der ab 1929 auch im Volksstaat Hessen dramatisch anwachsenden wirtschaftlichen und sozialen Krisen-

lage. Die Landtagswahlen vom November 1931 brachten der
NSDAP Adolf Hitlers rund 37% der Stimmen und – als der nun
mit Abstand stärksten Fraktion – 27 Landtagssitze, alle anderen Rechtsparteien versanken in der Bedeutungslosigkeit. Die
stark geschwächte Regierung unter Vorsitz des seit 1928 amtierenden SPD-Staatspräsidenten Bernhard Adelung (1876–1943)
blieb jedoch ohne parlamentarische Mehrheit trotz eines Miß-
trauensvotums bis 1933 als geschäftsführend im Amt; eine Neu-
wahl des Staatspräsidenten kam aufgrund des Stimmenverhält-
nisses im Landtag nicht zustande. Ähnlich entwickelte sich die
Lage in der preußischen Provinz Hessen-Nassau. Nach anfänglich starker Dominanz der Sozialdemokraten stieg hier der Anteil nationalsozialistischer Wählerstimmen seit den Reichstags-
wahlen von 1930 stetig an und lag bei allen seitdem noch durchgeführten Wahlen stets erheblich über dem Reichsdurchschnitt.
In einigen Regionen der Provinz, zum Beispiel in Alsfeld und
Lauterbach, in Schotten, Frankenberg und Ziegenhain, betrug
der Stimmenanteil für die NSDAP 1933 fast 80 Prozent.

*Universitäten und Wissenschaften.* Es war ein Faktor von Gewicht, daß sich zu Beginn der 1930er Jahre auch im akademischen Milieu die Anhänger Hitlers zusehends Gehör zu verschaffen wußten. Bei den Studentenratswahlen vom Juni 1931
erlangte der *Nationalsozialistische Deutsche Studentenbund* an
den hessischen Hochschulen absolute Mehrheiten – in Marburg
ebenso wie in Gießen und Darmstadt. Lediglich Frankfurt am
Main bildete hinsichtlich des dort vorherrschenden hochschul-
politischen Klimas eine Ausnahme. Die Universität hatte von
Anfang an durch eine progressive Berufungspolitik von sich
reden gemacht. Sozialkritisch und sozialwissenschaftlich orientierte Gelehrte wie Karl Mannheim, Max Scheler, Franz Oppenheim oder Paul Tillich verliehen ihr seit Beginn der Weimarer
Republik erhebliche Reputation und machten sie zum Zentrum
einer modernen, weltoffenen politisch-demokratischen Kultur.
Entsprechend schwerwiegend waren infolgedessen auch die Ein-
bußen, die der Frankfurter Alma Mater 1933 durch Instituts-
schließungen, Emigration und Vertreibung zahlreicher jüdischer

und politisch mißliebiger Professoren und Dozenten – gut ein
Drittel des Lehrkörpers – widerfahren sollten. 1924 wurde das
der Universität angegliederte *Institut für Sozialforschung* ein-
geweiht (erster Direktor: Carl Grünberg, seit 1930: Max Hork-
heimer). Es verstand sich als eine der wissenschaftlichen Erfor-
schung des Marxismus und der Arbeiterbewegung gewidmete,
interdisziplinär orientierte Einrichtung, die auf die Entwicklung
einer zeitgemäßen Gesellschaftstheorie zielte und rasch zu einem
Sammelbecken der Weimarer Linksintelligenz avancierte. 1920
hatte der Philosoph Franz Rosenzweig (1886–1929), fasziniert
vom Gedanken einer Erneuerung der jüdischen Kultur, in Frankfurt das *Freie Jüdische Lehrhaus* eröffnet, das bis 1929 als Stät-
te der Begegnung und des jüdisch-christlichen Dialogs diente,
und an dem seit 1925 Martin Buber (1878–1965) über jüdische
Religionswissenschaft las. Im gleichen Jahr erhielt das durch
den Ethnologen und Afrikaforscher Leo Frobenius (1873–1938)
gegründete *Forschungsinstitut für Kulturmorphologie* seinen
Sitz in der Mainmetropole, die damit zu einem zentralen Ort
der vergleichenden Kulturforschung wurde. Eine 1921 gegründete *Akademie der Arbeit* zur Weiterbildung von Arbeitern und
Angestellten war ebenso Ausdruck des damals in Frankfurt herrschenden volkspädagogischen Elans wie die dort 1927 eröffnete
*Pädagogische Akademie* zur Fachausbildung von Lehrern.

*Das Kulturleben.* Hessen galt in den Jahren der Weimarer Republik weiterhin als vielbeachteter Schauplatz kultureller und
künstlerischer Aktivitäten. Dabei verlor allerdings das bisher
dominierende Darmstadt nach dem Abgang Großherzog Ernst
Ludwigs stark an Strahlkraft. Zwar versuchte man im Theater-
und Ausstellungswesen an die Vorkriegserfolge anzuknüpfen –
etwa 1920 mit der Ausstellung «Deutscher Expressionismus»
auf der Mathildenhöhe. Auch stiftete die Hessische Landesregierung darüber hinaus zum Reichsverfassungstag 1923 den «Ge-
org-Büchner-Preis», und der Philosoph Hermann Graf von Key-
serling (1880–1946) schuf mit seiner «Schule der Weisheit» (seit
1920) einen veritablen Anziehungspunkt für geistig-literarische
Diskussionen mit gesamteuropäischer Resonanz. Übertroffen

wurden solche Darmstädter Aktivitäten in den 1920er Jahren
jedoch von Frankfurt am Main, dessen Bühnen durch die Auf-
führung zeitgenössischer expressionistischer Schauspiele von
sich reden machten («Neues Theater»). Am Frankfurter Opern-
haus wirkte zwischen 1915 und 1923 einer der bedeutendsten
deutschen Komponisten des 20. Jahrhunderts als Konzertmei-
ster: Paul Hindemith (1895–1963), in Hanau gebürtig, der in
Frankfurt die Uraufführung zahlreicher eigener Stücke leitete.
Sie wurden, wie viele andere avantgardistische Kompositionen
moderner Musik, im 1923 als *Südwestdeutsche Rundfunk-
dienst AG* gegründeten *Radio Frankfurt* – immerhin der fünft-
größten deutschen Sendeanstalt – einer wachsenden Zahl von
Hörern diesseits und jenseits der hessischen Grenzen präsentiert.
Hinzu kam die steigende Bedeutung, die der Geburtsort Goethes
nun auch als eines der Zentren literarisch-intellektuellen Lebens
in der Weimarer Republik gewann. 1927 verlieh die Stadt erstmals den *Goethe-Preis* für herausragende Leistungen auf wis-
senschaftlichem und künstlerischem Gebiet. Erster Preisträger
war der aus Rheinhessen stammende Dichter Stefan George
(1863–1933). 1930 wurde der Preis Sigmund Freud zugesprochen, dessen damals noch junge Wissenschaftsdisziplin durch
das 1929 eröffnete *Psychoanalytische Institut* in Frankfurt eine
ihrer frühesten institutionellen Verankerungen erhielt. Und auch
im Städtebau setzte Frankfurt in den 1920er Jahren Akzente.
Aufsehen erregten nicht nur Architekturschöpfungen wie das
von Peter Behrens (1868–1940) in expressionistischem Stil gestaltete Verwaltungsgebäude der Farbwerke Hoechst – erbaut
1924, im gleichen Jahr wie der Frankfurter Flughafen –, sondern auch die allerdings nicht unumstrittenen Wohnanlagen von
Ernst May (1886–1970, Stadtbaurat seit 1925), dessen in typi-
sierter Fertigbauweise errichtete Frankfurter Vorortsiedlungen
in Niederrad, Sachsenhausen und Bornheim genormte Öde und
Monotonie verbreiteten.

*Großhessische Pläne.* Unabhängig von solchen Zusammenhän-
gen bewegten in den Jahren nach 1918 Diskussionen um die sogenannte *Reichsreform* die Gemüter vieler hessischer Bürger.

Nach dem Vorbild territorialer Neugliederungsmaßnahmen, wie sie 1920 zum Zusammenschluß der sächsischen und thüringischen Kleinstaaten zum Land Thüringen geführt hatten, entstanden auch in Hessen zahlreiche Pläne zur Errichtung eines gesamthessischen Reichslandes, welches die preußische Provinz Hessen-Nassau und die rechtsrheinischen Teile des ehemaligen Großherzogtums Hessen-Darmstadt zusammenfassen sollte. Der in Kassel gegründete «Hessische Volksbund» hatte in diesem Sinn bereits Ende 1918 einen «Großhessischen Freistaat» gefordert. Solche Initiativen zur Schaffung eines Landes Hessen, das von Kassel bis zum Neckar, von Rheinhessen bis nach Aschaffenburg reichen und vor allem als wirtschaftspolitische Einheit Profil gewinnen sollte, wurden jedoch nicht zuletzt infolge der französischen Besetzung Rheinhessens hinfällig und verebbten nach 1924. Lediglich der Anschluß des in Nordhessen gelegenen ehemaligen Fürstentums Waldeck an die preußische Provinz Hessen-Nassau konnte 1929 auf Druck Preußens, das den unter ständiger Finanznot leidenden Kleinstaat schon seit einem 1867 geschlossenen «Akzessionsvertrag» verwaltete, realisiert werden, womit die über 800jährige selbständige Geschichte Waldecks endete. Der (seit 1625) waldecksche Landesteil Pyrmont war bereits 1922 nach einer Volksabstimmung in der preußischen Provinz Hannover aufgegangen. Darüber hinaus mag man allenfalls noch die 1924 erfolgte Zusammenlegung der Reichstagswahlkreise Hessen-Darmstadt und Hessen-Kassel als Vorausnahme zukünftiger «gesamthessischer» Entwicklungen bewerten.

### 3. Nationalsozialistische Herrschaft

*Machtergreifung in Darmstadt und Kassel.* Im Volksstaat Hessen, in dem seit Ende 1931 eine sozialdemokratische Minderheitsregierung amtierte, vollzog sich die Machtübernahme der Nationalsozialisten durch eine perfide Doppelstrategie von organisiertem Druck von unten und zielgerichtetem Eingreifen von oben. Nach der Reichstagswahl vom März 1933 gab es Massendemonstrationen lokaler NSDAP-Formationen vor dem Landtag in Darmstadt, öffentliche Hetzreden und tätliche

Angriffe auf Hitler-Gegner sowie erste Verhaftungen politisch Mißliebiger. Unter dem Vorwand, in der hessischen Landeshauptstadt «Ruhe und Ordnung» herzustellen, entsandte der nationalsozialistische Reichsinnenminister Wilhelm Frick einen «Reichskommissar» nach Darmstadt, welcher zentrale Schaltstellen der Macht von SA-Truppen besetzen und die hessische Polizei von republiktreuen Beamten «säubern» ließ. Dieser Strategie unterlag der zunächst zur Gegenwehr entschlossene hessische Innenminister Wilhelm Leuschner (1890–1944, SPD) als Chef der Landespolizei. Bestehende Verwaltungsstrukturen fielen der braunen Willkür zum Opfer, die Kommunalparlamente wurden entmachtet, regimetreue Bürgermeister und Landräte eingesetzt. Im April 1933 ermächtigte das *Gesetz zur Gleichschaltung der Länder mit dem Reich* den von Hitler zum «Reichsstatthalter» berufenen NSDAP-Gauleiter von Frankfurt am Main und Hessen-Nassau, Jakob Sprenger (1884–1945), zur endgültigen Entlassung der noch immer geschäftsführend amtierenden SPD-Landesregierung – schon zuvor war vom Landtag ein neuer NSDAP-«Staatspräsident» gewählt worden. Anfang 1934 schließlich wurde der Landtag dann ganz aufgelöst, seine Hoheitsrechte wurden auf das Reich übertragen, die Provinzialverwaltung des Landes Hessen wurde beseitigt.

In der preußischen Provinz Hessen-Nassau trat allerdings im Juni 1933 mit dem Prinzen Philipp von Hessen (1896–1980) zunächst noch einmal ein Mitglied der 1866 abgesetzten Dynastie als Oberpräsident an die Spitze der Verwaltung. Im Unterschied zu einem weiteren prominenten Angehörigen eines ehemals regierenden hessischen Fürstenhauses, Erbprinz Josias von Waldeck (1896–1967), war der unpolitische, künstlerisch engagierte Philipp kein entschiedener Parteigänger der Nationalsozialisten. Während Josias von Waldeck als persönlicher Freund und Gefolgsmann Heinrich Himmlers höchste Ämter innerhalb der SS bekleidete und an der Verankerung des Nationalsozialismus in seinem Heimatland Waldeck erheblichen Anteil hatte, diente Philipp von Hessen dem neuen Regime vor allem als aristokratisches Aushängeschild. Philipp war der Schwiegersohn des Königs von Italien. In dieser Stellung war ihm eine Vermittlerrolle zwischen Berlin und Rom zugedacht. Diese endete jedoch abrupt im Juli 1943, als Viktor Emanuel III. Mussolini entmachtete, das faschistische Regime in Italien beendete und später Deutschland den Krieg erklärte. Prinz Philipp wurde als Oberpräsident abgesetzt und im Konzentrationslager Flossenbürg inhaftiert; seine Frau Mafalda, die italienische Königstochter, starb 1944 im Konzentrationslager Buchenwald.

In Bewegung geriet nach 1933 nicht zuletzt die territoriale Struktur Hessens. Dies war in erster Linie eine Folge des Machtstrebens regionaler Parteigrößen, kaum hingegen die konzeptionelle Fortsetzung «großhessischer» Überlegungen aus der Weimarer Zeit. Der (seit 1927) in Frankfurt am Main residierende Leiter des NSDAP-Gaus von Hessen-Nassau, Jakob Sprenger entfaltete auch in dieser Hinsicht besonders eifrige Aktivitäten. Sein Ziel war es, den gesamten Rhein-Main-Raum in einem einheitlich durchorganisierten «Reichsgau» unter seiner Führung politisch und administrativ zusammenzufassen. Im April 1944 kam er diesem Ziel insofern nahe, als er bei Hitler die Aufteilung der preußischen Provinz Hessen-Nassau in die Provinzen Kurhessen und Nassau durchsetzen konnte. Sprenger vermochte dadurch seinen Ämtern in Frankfurt am Main und in Darmstadt nun auch noch dasjenige eines Oberpräsidenten von Nassau hinzuzufügen. Die traditionelle Verwaltungsgrenze zwischen Hessen-Darmstadt und Nassau war damit hinfällig geworden. «Kurhessen» freilich bildete auch im letzten Jahr des Dritten Reiches einen eigenständigen Verwaltungsbezirk.

*Widerstand.* Das politische Leben während der zwölfjährigen braunen Tyrannei in Hessen unterschied sich kaum von der Lage in anderen Ländern und Regionen des Reiches. Auch in Hessen gab es Repression und Verfolgung, ebenso wie mehr oder weniger offen bekundeten Widerstand. Dieser kam aus den verschiedensten politischen Lagern, was sich im Blick auf die am Attentatsversuch gegen Hitler vom 20. Juli 1944 beteiligten Hessen offenbart. Als unbestrittene Zentralfigur und Mittelsmann zwischen militärischen und zivilen Oppositionskreisen galt der aus einer hessischen Offiziersfamilie stammende ehe-

malige Generalstabschef des Heeres, Generaloberst Ludwig
Beck (1880–1945). Er war im Fall eines Gelingens des Putsches
als neues Staatsoberhaupt vorgesehen. Hermann Kaiser (1885–
1945), langjähriger Studienrat in Wiesbaden und Vertrauensper-
son der Verschwörer in Kassel, hätte in einer Nachkriegsregie-
rung das Amt des Staatssekretärs im Kultusministerium übernommen. An der Spitze des sozialdemokratischen Widerstandes
in Hessen rangierte der frühere Innenminister des Volksstaates
Hessen, Wilhelm Leuschner (1890–1945), der Vizekanzler und
Reichsinnenminister werden sollte. Leuschners Darmstädter
Freunde, die Journalisten Carlo Mierendorff (1897–1943) und
Theodor Haubach (1896–1945) waren vor 1933 führend in republiktreuen Organisationen tätig gewesen. Zum sozialdemokratischen Widerstand in Hessen zählten zudem der hessen-
darmstädtische Ministerialbeamte Ludwig Schwamb (1890–
1945) sowie die aus Hessen-Nassau stammenden Gewerkschaf-
ter Adolf Reichwein (1898–1944) und Franz Leuninger (1898–
1945). Maßgeblich für den kirchlichen Widerstand in Hessen
war der in Lampertheim aufgewachsene Jesuitenpater Alfed
Delp (1907–1945).

*Die Kirchen.* Das Verhältnis der christlichen Kirchen zum Dritten Reich in Hessen war uneinheitlich. Während die katholische
Kirche gegenüber den Lehren des Nationalsozialismus weitgehend Distanz hielt, zeigte der hessische Protestantismus zunächst durchaus Anfälligkeiten für die ideologischen Verlok-
kungen des Regimes. 1933 war auf Druck nationalsozialistischer Kräfte eine Zwangsvereinigung der drei Landeskirchen
von Nassau, Hessen-Darmstadt und Frankfurt am Main zur
«Evangelischen Kirche von Nassau-Hessen» erfolgt; die Kirchen von Hessen-Kassel und Waldeck-Pyrmont formierten sich
im folgenden Jahr zur «Evangelischen Kirche von Kurhessen-
Waldeck». Die frisch gegründete «Evangelische Kirche von
Nassau-Hessen» gab sich nicht nur eine neue, nach dem «Füh-
rerprinzip» organisierte Kirchenverfassung, sondern übernahm
auch den berüchtigten «Arierparagraphen», welcher alle Christen jüdischer Herkunft aus dem Pfarrerstand ausschloß. Dar-

über hinaus bekannten sich in vielen hessischen Gemeinden zahlreiche Protestanten zum Anliegen der «Deutschen Christen» – jener 1932 gegründeten Gliederung der NSDAP, die das Alte Testament verwarf und eine «völkische» Erneuerung des Christentums anstrebte. Wenig später freilich bildete sich sowohl in Nassau-Hessen als auch in Kurhessen-Waldeck eine starke «Bekennende Kirche», die – wie andernorts im Reich – den Versuchen der nationalsozialistischen «Gleichschaltung» des Protestantismus entschiedenen Widerstand entgegensetzte.

*Judenverfolgung und «Euthanasie».* Die Entrechtung und Verfolgung, Deportation und Ermordung der Juden wurden durch die Aktivitäten kirchlicher Widerstandskreise freilich nicht aufgehalten. Der politische Antisemitismus hatte in Hessen, wie schon erwähnt, seit den Zeiten des Kaiserreichs eine lange Tradition – nicht zuletzt gespeist durch wirtschaftliche Schwierigkeiten, die das Aufkommen der Fabrikindustrie mit sich brachte. Im Jahr 1890 beispielsweise kamen alle fünf antisemitischen Abgeordneten des Deutschen Reichstags aus Hessen. Auch in der Abgeordnetenkammer des Großherzogtums Hessen-Darmstadt tummelten sich in den Jahren vor Ausbruch des Ersten Weltkriegs Mandatsträger des judenfeindlichen «Hessischen Bauernbundes». An solche Überlieferungen konnten die antijüdischen Maßnahmen der Nationalsozialisten anknüpfen.

Die jüdische Gemeinde in Frankfurt am Main – eines der ältesten und bedeutendsten Zentren jüdischen Lebens in Deutschland und zugleich maßgeblicher Schauplatz der «Reichspogromnacht» vom November 1938 – wurde ebenso vernichtet wie das gerade für Hessen so charakteristische Landjudentum, das sich seit der ersten Hälfte des 14. Jahrhunderts in der Wetterau und im Odenwald, im Taunus, am Vogelsberg und im Spessart angesiedelt hatte. 1933, zu Beginn der nationalsozialistischen Herrschaft, gab es auf dem Gebiet des heutigen Landes Hessen etwa 73 000 Menschen jüdischen Glaubens in über 400 Gemeinden – sowohl relativ als auch absolut gesehen weitaus mehr als in anderen Gegenden Deutschlands. Im Volksstaat Hessen waren es gut 20 000, in der preußischen Provinz Hessen-Nassau ungefähr 53 000, davon allein etwa 30 000 in Frankfurt am Main, was dort einem Bevölkerungsanteil von 6,3 % entsprach. Fast zwei Drittel der hessischen Juden, vor allem jene, die in den Städten lebten, wanderten aus. Doch vielen auf dem Land wohnenden Juden blieb dieser rettende Ausweg verschlossen. Die Deportation der hessischen Juden begann im Oktober 1941 in der preußischen Provinz Hessen-Nassau. In mehreren Transporten mit jeweils über 1000 Personen wurden zunächst Juden aus Frankfurt, dann aus Kassel in die Ghettos nach Lodz (damals: Litzmannstadt) und Riga, später auch nach Theresienstadt, Auschwitz und in andere Konzentrations- und Vernichtungslager auf polnischem Gebiet verschleppt. Ab März 1942 rollten Transportzüge mit jüdischen Einwohnern des Volksstaates Hessen, vor allem aus Darmstadt, Mainz und Offenbach, in Richtung Osten. Die Transporte waren als «Arbeitseinsätze» getarnt – man täuschte den Opfern vor, sie würden zu «Näharbeiten» in Uniform- und Kleiderfabriken verschickt. Ihre Spuren verloren sich in den Todeslagern Ost-Polens, die von den nationalsozialistischen Besatzern dort eingerichtet worden waren. Allein bis zum Sommer 1943 wurden über 15 000 hessische Juden auf diese Weise deportiert. Nur wenige von ihnen überlebten die Lagerhaft. In Hessen selbst gab es bei Kriegsende kaum mehr als 600 Juden. In manchen Regionen des Landes, vor allem in Mittelhessen und im Marburger Raum, trafen die Deportationen auf die Zustimmung weiter Teile der Bevölkerung.

Weniger galt dies allerdings von den nationalsozialistischen Maßnahmen zur «Vernichtung lebensunwerten Lebens» im vermeintlichen Interesse einer «biologischen Gesundung» des deutschen Volkes. Einige hessische Ortschaften haben in diesem Geschehenszusammenhang eine trübe und traurige Berühmtheit erlangt. Die Heil- und Pflegeanstalt in Hadamar bei Limburg wurde zum zentralen Ort von Massentötungen psychisch Kranker und Behinderter im Rahmen der nationalsozialistischen «Euthanasie»-Politik. Ab Januar 1941 wurden insgesamt mehr als 10 000 Menschen aus allen Gebieten Hessens nach Hadamar verschleppt und dort umgebracht. Die nassauischen Anstalten Eichberg, Herborn und Weilmünster dienten als Durchgangsstationen. Erst nach heftigem öffentlichen Protest des katholischen Bischofs von Limburg, Antonius Hilfrich (1873–1947), gegen das «himmelschreiende Unrecht», sahen sich die Verantwortlichen veranlaßt, die Mordaktionen in Hadamar vorübergehend einzustellen. Es dauerte jedoch nicht lange, bis sie unter größter Geheimhaltung fortgesetzt wurden.

*Bombenkrieg.* Die alliierten Bombenangriffe, denen in weniger als einem Jahr nahezu alle deutschen Großstädte zum Opfer fielen, wüteten in Nord- und Mittelhessen und in den industriellen Ballungszentren der Rhein-Main-Region mit besonderer Heftigkeit. Der Bombenterror war die brutale Antwort auf den von Hitler entfesselten und mit äußerster Brutalität geführten nationalsozialistischen Eroberungs- und Vernichtungsfeldzug. Die Innenstadt Frankfurts wurde am 18. und am 22. März 1944 vollständig ausgelöscht (5000 Tote), Kassel bereits am 23. Oktober 1943 (6000 Tote, davon 1000 Kinder). Die systematische Zerstörung Darmstadts, aus militärstrategischer Sicht völlig irrelevant, folgte am 11. September 1944 (9000 Tote, davon 2000 Kinder und 900 ausländische Kriegsgefangene). Gießen und Mainz sanken Ende 1944 bzw. Anfang 1945 ebenso in Schutt und Asche wie Hanau, Offenbach und Rüsselsheim. Am Tag der Kapitulation der deutschen Wehrmacht (7./8. Mai 1945) waren weite Teile Hessens infolge des systematischen Flächenbombardements durch die britische und amerikanische Luftwaffe nur noch ein Ruinenfeld unvorstellbaren Ausmaßes. Der Schweizer Schriftsteller Max Frisch, aus einem vom Krieg unzerstört gebliebenen Land im Mai 1946 zu Besuch nach Frankfurt kommend, hat die dortige Trümmerwüste eindrucksvoll beschrieben: «Die Ruinen stehen nicht, sondern versinken in ihrem eigenen Schutt, und oft erinnert es mich an die heimatlichen Berge, schmale Ziegenwege führen über die Hügel von Geröll, und was noch steht, sind die bizarren Türme eines verwitterten Grates; einmal eine Abortröhre, die in den blauen Himmel ragt, drei Anschlüsse zeigen, wo die Stockwerke waren. So stapft man umher ..., und manchmal ist man erstaunt, daß es ein weiteres Erwachen nicht gibt» (Sarkowicz 1988, S. 95).

# VI. Hessen nach 1945

## 1. Neuanfang und Wiederaufbau

*Das neue Land und seine Verfassung.* Mit der Rheinüberque-
rung bei Oppenheim am 22. März 1945 und der darauf folgenden Besetzung Darmstadts, Frankfurts, Wiesbadens und Kassels
durch amerikanische Truppen war der Krieg für Hessen faktisch
zu Ende. Die politische Neuordnung des Landes vollzog sich
nach der deutschen Kapitulation zunächst ausschließlich auf
Initiative der amerikanischen Besatzungsmacht. Als Trägerin
der obersten Staatsgewalt stellte sie alle Weichen für die weitere
Entwicklung im Rahmen der Errichtung eines parlamentarisch-
demokratischen Verfassungsstaats in Hessen – vom Aufbau lokaler und regionaler Verwaltungseinheiten und von der Wieder-
zulassung politischer Parteien über die Entfernung belasteter
Beamter und sonstiger Führungskräfte aus Verwaltung und
Wirtschaft bis hin zur Erarbeitung einer demokratischen Verfas-
sung und zur Anordnung und Durchführung der ersten freien
Wahlen. Die folgenreichste Entscheidung indes war die auf
amerikanische Initiative am 19. September 1945 vollzogene
Gründung des Landes «Groß-Hessen». Landeshauptstadt wurde die – mit einem Zerstörungsgrad von «nur» etwa 25% – vergleichsweise intakt gebliebene ehemalige nassauische Residenz
Wiesbaden, die bis heute den Hessischen Landtag beherbergt.
Das Territorium des neuen Staates umfaßte all jene hessischen
Gebiete, die in der amerikanischen Zone lagen, also die ehemals
preußische Provinz Hessen-Nassau (einschließlich des zum Regierungsbezirk Kassel gehörenden Kreises Waldeck) sowie den
früheren Volksstaat Hessen-Darmstadt. Allerdings blieben einige genuin hessische Gebietsteile infolge der amerikanischen
Entscheidung außerhalb des großhessischen Staatsterritoriums.
Dies waren die vier zu Nassau zählenden Landkreise Ober- und
Unterwesterwald, Unterlahn und St. Goarshausen sowie das zu

Hessen-Darmstadt gehörende linksrheinische Rheinhessen mit
Bingen, Mainz, Worms und Alzey. Sie wurden später dem aus
der französischen Besatzungszone gebildeten Land Rheinland-
Pfalz zugeschlagen. Die in der Folgezeit mehrfach unternomme-
nen Versuche der Hessischen Landesregierung, eine Rückfüh-
rung dieser von Hessen abgetrennten Gebietsteile durchzusetzen, blieben ohne Erfolg.

Der von den Amerikanern vollzogenen Staatsgründung Groß-
Hessens folgte die Einsetzung des parteilosen Wirtschaftsjuri-
sten und Heidelberger Universitätsprofessors Karl Geiler zum
ersten hessischen Ministerpräsidenten im Oktober 1945. Seinem Kabinett gehörte neben dem späteren langjährigen Landesvater Georg August Zinn (SPD) – er zeichnete für das Justiz-
ressort verantwortlich – auch der hessische CDU-Vorsitzende
Werner Hilpert an. Unter den stets wachen Augen der amerikanischen Militärregierung berief Geiler im Februar 1946 einen
«Beratenden Landesausschuß». Als einem paritätisch von den
vier damals relevanten Landesparteien (SPD, CDU, LDP, KPD)
beschickten vorparlamentarischen Gremium kam ihm eine wesentliche Funktion in der Phase der Demokratiegründung in
Hessen zu. Im Juni 1946 wurde eine «Verfassungberatende Lan-
desversammlung» gewählt. Ihr oblag die Ausarbeitung der Hessischen Verfassung. Der entsprechende Verfassungsentwurf,
dessen Bestimmungen auf einem echten und später vielfach als
vorbildlich empfundenen Kompromiß zwischen den Vorstellungen vor allem von SPD und CDU beruhten, wurde – nach einigen Änderungen seitens der Amerikaner – von den Hessen in
einer Volksabstimmung am 1. Dezember 1946 mit Dreiviertel-
mehrheit (76,8%) angenommen. Die erste und älteste demokra-
tisch legitimierte deutsche Landesverfassung nach zwölf Jahren
nationalsozialistischer Diktatur trat noch am gleichen Tag in
Kraft. Der Neuanfang war vollzogen.

Hessen, wie das Land nunmehr offiziell hieß, wurde in den
folgenden Jahren zu einem Vorreiter politischer Modernität im
Nachkriegsdeutschland. Manche freiheitlich-demokratischen
Überlieferungen aus der ersten Hälfte des 19. Jahrhunderts
mochten in diesem Zusammenhang nun traditionsbildende

Kräfte und Funktionen entfalten. Die Hessische Verfassung von 1946, die – abgesehen von geringfügigen Änderungen – bis heute in Geltung steht, besaß nämlich schon damals einige bemerkenswerte Besonderheiten, durch welche sie sich von den anderen deutschen Länderverfassungen der Nachkriegszeit unterschied. Dazu gehörte vor allem die konsequent sozialstaatliche Ausrichtung des Verfassungstextes, der nichts Geringeres als ein gesellschaftspolitisches Programm formulierte. Wegweisend waren hier die verfassungsmäßige Verankerung des innerbetrieblichen Mitbestimmungsrechts der Arbeitnehmer (Artikel 37) sowie die Forderung nach Überführung von Schlüsselindustrien und Großbanken in Gemeineigentum (Artikel 41). Zur politischen Umsetzung beider Verfassungsartikel kam es in der Folgezeit allerdings nicht. Stattdessen gab es Konflikte mit den Amerikanern. Denn diese befürchteten eine Einschränkung der unternehmerischen Freiheit ebenso wie eine Gefährdung des Konzepts der Sozialen Marktwirtschaft. Sie unterbanden daher die Realisation des entsprechenden Verfassungsauftrags.

*Die politischen Parteien.* In den Jahren des demokratischen Neubeginns nach 1945 gab es zwischen den beiden Volksparteien SPD und CDU ein hohes Maß an Gemeinsamkeiten hinsichtlich der Betonung des Prinzips sozialer Gerechtigkeit. Parteien waren von der US-Militärregierung bereits im August 1945 – zunächst auf lokaler Ebene – zugelassen worden. Vier von ihnen gelang es, sich in der Folgezeit landesweit durchzusetzen.

Die SPD konnte in Hessen an ihre Tradition aus der Ära der Weimarer Republik anknüpfen. Zudem genoß sie das ausdrückliche Vertrauen der Militärregierung, die in den Wochen und Monaten unmittelbar nach dem Zusammenbruch des Dritten Reiches zahlreiche Spitzenpositionen in der kommunalen Verwaltung mit ausgewiesenen Sozialdemokraten besetzte. Unter diesen befanden sich so herausragende Persönlichkeiten wie Ludwig Bergsträsser (1883–1960), Hermann Louis Brill (1895–1959) und Georg August Zinn (1901–1976).

Die CDU vereinte unter dem Dach überkonfessionellen christlichen Glaubens im Nachkriegshessen zunächst höchst unter-

schiedliche politische Strömungen. Programmatisch dominierte
hier weitgehend der «Frankfurter Kreis» um die Publizisten
Eugen Kogon (1903–1987) und Walter Dirks (1901–1991).
Gemeinsam mit anderen hessischen Demokraten der «ersten
Stunde» wie Werner Hilpert (1897–1957), Walter Strauß (1900–
1976) oder Heinrich von Brentano (1904–1964), dem späteren
Außenminister der Bundesrepublik Deutschland, focht man dort
damals für einen «christlichen Sozialismus», der sich in seiner
Forderung nach Planwirtschaft und Verstaatlichung der Grund-
industrien weitgehend einig wußte mit entsprechenden wirt-
schafts- und sozialpolitischen Positionen der hessischen Sozialdemokraten. Es war daher kein bloßer historischer Zufall, daß
beide Parteien (die SPD errang bei der ersten Landtagswahl
im Dezember 1946 einen Stimmenanteil von 42,7%, die CDU
erreichte 30,9%) Anfang 1947 eine Große Koalition unter
dem SPD-Ministerpräsidenten Christian Stock (1884–1967) bildeten, die bis 1950 Bestand hatte.

Im Unterschied zur anfänglich stark christlich-sozial geprägten hessischen CDU profilierten sich die hessischen Liberalen im
ersten Nachkriegsjahrzehnt als ausgesprochen national orientierte Gruppierung. Bis 1948 firmierten sie unter dem Namen
«Liberal-Demokratische Partei» (LDP) und verstanden sich unter ihrem langjährigen, von 1946 bis 1956 amtierenden Landes-
vorsitzenden August Martin Euler (1908–1966) als eine politische Kraft, welche alte, rechtsliberale Traditionen bündelte und
fortführte und damit besonders in Nordhessen viele Wähler für
sich zu gewinnen vermochte. Bei der zweiten Landtagswahl im
November 1950 errang die FDP im Wählerbündnis mit der
Flüchtlingspartei «Bund der Heimatvertriebenen und Entrechteten» (BHE) einen geradezu sensationellen Stimmenanteil von
31,8% (1946 waren es nur 15,7% gewesen) und rangierte damit eine Zeitlang weit vor der CDU, die es 1950 nur auf 18,8%
gebracht hatte.

Vierte politische Formation des Landes waren in der frühen
Nachkriegszeit die Kommunisten (KPD), die sich zunächst als
radikal-demokratische Alternative zu allen bürgerlichen Kräf-
ten einschließlich der Sozialdemokraten präsentierten und bei

der Landtagswahl 1946 auf einen Stimmenanteil von 10,7%
kamen. Dann aber verloren sie, vor allem infolge der gewalt-
samen Sowjetisierungspolitik im östlichen Teil Deutschlands,
rasch an Zuspruch. Bei der Landtagswahl 1950 erreichten sie
nur noch 4,7% der Wählerstimmen und sanken damit auf die
Bedeutung einer Splittergruppe herab. 1956 wurde die Partei
bundesweit vom Bundesverfassungsgericht verboten.

## 2. Das sozialdemokratische Musterland

*Die Ära Zinn.* Seit der Gründung des Landes Hessen war die
SPD dort stärkste politische Kraft. Nach der Landtagswahl von
1950 konnte sie mit 44,4% der abgegebenen Stimmen Anfang
1951 zunächst sogar eine Alleinregierung unter dem bisherigen
Justizminister Georg August Zinn als Ministerpräsident bilden,
der die Geschicke Hessens fast zwanzig Jahre lang (bis 1969) als
weithin populärer Landesvater bestimmen sollte. In den fünf
von ihm geführten Kabinetten – von 1954 bis 1966 in Koalition
mit der Flüchtlingspartei GB/BHE (= Gesamtdeutscher Block/
Block der Heimatvertriebenen und Entrechteten) – nutzte Zinn
die Chance, Hessen zu *dem* sozialdemokratischen Musterland
der Bundesrepublik zu formen. Nicht selten wurden dabei eigene Akzente gesetzt und klare Kontrapunkte zu der weithin
christdemokratisch dominierten politischen Kultur der frühen
Bundesrepublik unter Konrad Adenauer markiert.

*Frauenpolitik.* Einer dieser Akzente lag auf dem Gebiet der
Frauenpolitik. Hier kam während der unmittelbaren Nachkriegszeit der Kasseler Rechtsanwältin und Stadtverordneten
Elisabeth Selbert (1896–1986) (SPD) eine herausragende Bedeutung zu. Als Mitglied der *Verfassungberatenden Landesver-
sammlung* des neugebildeten Landes Hessen war sie die einzige an der Formulierung der Hessischen Verfassung von 1946
beteiligte Frau. 1948/49 wirkte sie im *Parlamentarischen Rat*
an der Ausarbeitung der westdeutschen Nachkriegsverfassung
mit. Dabei widmete sie ihre gesammelte politische Energie
der Durchsetzung des Gedankens der Gleichberechtigung von

Mann und Frau und sorgte gegen erhebliche politische Widerstände quasi im Alleingang für die definitive Verankerung des
Artikels 3 in dem am 8. Mai 1949 verabschiedeten Grundgesetz
der Bundesrepublik Deutschland: «Männer und Frauen sind
gleichberechtigt». Neben Elisabeth Selbert gelangte im zweiten
Nachkriegsjahrzehnt die Wiesbadener Bundestagsabgeordnete
Elisabeth Schwarzhaupt (1901–1986) (CDU) zu länderübergrei-
fender Popularität. 1961 berief Konrad Adenauer die Hessin als
Bundesgesundheitsministerin und erstes weibliches Kabinetts-
mitglied in seine bis dahin rein männliche Regierungsmann-
schaft. In ihrer Tätigkeit als Ministerin auch unter Adenauers
Nachfolger Ludwig Erhard wirkte Elisabeth Schwarzhaupt an
zahlreichen Verordnungen mit, die im Arznei- und Lebensmit-
telwesen, hauptsächlich aber im Umweltschutz neue Maßstäbe
setzten.

*Vergangenheitsbewältigung.* Zu den Impulsen, die in den ersten beiden Nachkriegsjahrzehnten von Hessen auf das politische Klima der gesamten Bundesrepublik einwirkten, gehörten
nicht zuletzt Art und Umfang der Ahndung und strafrechtlichen
Verfolgung nationalsozialistischer Gewaltverbrechen, die in
Hessen mit besonderer Intensität betrieben wurden. Schon die
amerikanische Besatzungsmacht hatte sich im Rahmen ihrer
Demokratisierungskonzeption um den Austausch der belasteten
alten Eliten und Funktionsträger des Dritten Reiches auf allen
Ebenen der öffentlichen Verwaltung bemüht und eine großan-
gelegte «Entnazifizierung» betrieben. Von etwa 34 000 Beamten
in Groß-Hessen wurden damals 57% entlassen. Auch nach dem
Ende der Besatzungsherrschaft blieben die hessischen Justiz-
behörden hier überaus rege. Vor allem der seit 1956 in Frankfurt am Main amtierende Hessische Generalstaatsanwalt Fritz
Bauer (1903–1968, SPD) entfaltete in dieser Hinsicht weit über
die Grenzen Hessens hinaus beachtete Aktivitäten. Das galt in
besonderem Maß für den ersten Frankfurter Auschwitz-Prozeß
1964/65 sowie für die sich anschließenden Gerichtsverfahren
gegen Verbrechen im Zusammenhang mit der nationalsozialistischen «Euthanasie»-Aktion. Gegen manche in der westdeut-

schen Justiz herrschende Widerstände strebte Bauer danach, die historischen Hintergründe des nationalsozialistischen Vernichtungsprogramms aufzuhellen und damit das ganze Ausmaß der Verbrechen in die westdeutsche Erinnerungskultur zurückzuholen. Das Prozeßgeschehen erregte auch deshalb internationale Aufmerksamkeit, weil es die bisher umfassendste Auseinandersetzung mit dem Holocaust in der Bundesrepublik darstellte und einer damals weitverbreiteten «Schlußstrich-Mentalität» entgegenwirkte.

*Religionen und Kirchen.* Eine Leistung von besonderer Qualität bildete der Wiederaufbau jüdischer Gemeinden in Hessen. Nach Beendigung des Zweiten Weltkriegs gab es von den 73 000 Juden, die vor 1933 in über 400 jüdischen Gemeinden Hessens beheimatet waren, nur noch etwa 600, in den meisten Ortschaften waren es kaum mehr als ein Dutzend Menschen. Für die Überlebenden des Holocaust aus ganz Europa hatte die amerikanische Militärregierung zunächst Notunterkünfte als Durchgangslager eingerichtet. Die wenigsten Juden freilich wollten nach allem, was geschehen war, in Deutschland bleiben: Waren es 1947 in ganz Hessen noch fast 35 000, so verminderte sich ihre Zahl bis zum Jahr 1952 auf 1500. Gemeinsam mit den 1945 noch in Hessen wohnenden überlebenden deutschen Juden und mit jenen, die ab Ende der 1940er Jahre als Remigranten aus dem westlichen Ausland nach Hessen zurückkehrten, gründeten sie neue jüdische Gemeinden – in Frankfurt am Main, Offenbach und Wiesbaden ebenso wie in Bad Nauheim, Darmstadt, Kassel oder Hanau. In den kleinen Städten und Dörfern freilich, in denen vor 1933 das für Hessen so charakteristische Landjudentum sein reiches kulturelles Leben entfaltet und seine Traditionen gepflegt hatte, ist es nicht zur Wiederherstellung eines aktiven Gemeindelebens gekommen. Mit dem 1948 gebildeten «Landesverband Jüdischer Gemeinden in Hessen» hat das Land Hessen 1986 einen Staatsvertrag geschlossen, ähnlich wie vorher schon mit den evangelischen Landeskirchen (1960) und mit den katholischen Bistümern (1963, 1974). Die Staatsverträge garantieren noch einmal ausdrücklich die bereits

in der Hessischen Verfassung von 1946 (Artikel 48) festge-
schriebene Freiheit und Unabhängigkeit der einzelnen Religions-
gemeinschaften und sichern diesen finanzielle Unterstützung zu,
die in erster Linie den zahlreichen Bildungseinrichtungen sowie
sozialen und karitativen Organisationen in konfessioneller Trä-
gerschaft zugutekommt.

Die beiden christlichen Kirchen hatten sich bereits im August
1945 von Hessen aus mit vielbeachteten Erklärungen und Be-
schlüssen an die Öffentlichkeit gewandt: Die katholische Deutsche Bischofskonferenz verabschiedete damals in Fulda auf ihrer ersten Nachkriegstagung ein Schuldbekenntnis zur Mitver-
antwortung auch vieler katholischer Christen für die Verbrechen des Nationalsozialismus. Und die fast gleichzeitig in Treysa
tagende Evangelische Kirchenversammlung, auf der Repräsentanten von zwölf evangelischen Landeskirchen zugegen waren,
beschloß die Bildung eines «Rats der Evangelischen Kirche in
Deutschland». Dessen stellvertretenden Vorsitz übernahm der
1945 aus achtjähriger KZ-Haft befreite Pastor und prominente-
ste Vorkämpfer der «Bekennenden Kirche» im Dritten Reich,
Martin Niemöller (1892–1984). Zwischen 1947 und 1964 amtierte Niemöller als Präsident der neugegründeten «Evangelischen Kirche von Hessen und Nassau», welche die 1933 unter
nationalsozialistischem Druck geschaffene «Evangelische Landeskirche Nassau-Hessen» ablöste.

*Integration der Heimatvertriebenen.* Die von Ministerpräsident Zinn nach 1950 in Hessen verantwortete Landespolitik
hatte zwei charakteristische Merkmale: Sie besaß programmati-
sche Zielvorstellungen und sie war an einer langfristigen Ent-
wicklungsplanung orientiert. Geradezu Symbolcharakter gewann dabei der 1951 verkündete «Hessenplan». Zunächst war
damit nichts anderes gewollt als eine bessere Eingliederung der
Vertriebenen, die auf Beschluß der alliierten Siegermächte 1945
ihre Heimat in den abgetrennten Ostgebieten des Reiches und
den deutschen Siedlungsräumen in Ost- und Südosteuropa verlassen mußten. Hessen sollte laut Ausweisungsplan des Alliierten Kontrollrats eine Quote von 27 % der heimatvertriebenen

Deutschen in der amerikanischen Besatzungszone aufnehmen –
zunächst etwa 600 000 Menschen, von denen allein im Mai
1946 etwa 80 000 nach Hessen kamen und deren Zahl 1952
die Dreiviertelmillionengrenze erreicht hatte. Die meisten Heimatvertriebenen stammten aus Böhmen, Mähren, Schlesien und
dem Sudetenland. Ihre zügige Unterbringung war in dem vom
Bombenkrieg verwüsteten Land nicht leicht und ließ sich am
ehesten in den relativ unzerstört gebliebenen ländlichen Regionen Nordhessens bewerkstelligen. Dort war zwar Wohnraum
vorhanden, aber es gab kaum Arbeitsmöglichkeiten. Der «Hessenplan» ging daher von dem Gedanken einer Zusammenfüh-
rung von Arbeitsstätten und Wohnorten aus. So wurden in den
strukturschwachen nordhessischen Notstandsgebieten, wo die
meisten Heimatvertriebenen untergebracht waren, mittels groß-
angelegter finanzieller Investitionen Arbeitsplätze geschaffen.
Zugleich wurden viele Heimatvertriebene aus den ländlichen
Gebieten mit hoher Arbeitslosigkeit in städtische Gemeinden
mit günstigerer Arbeitsmarktlage umgesiedelt – mit der Folge,
daß dadurch in den ersten Jahren des Wiederaufbaus vor allem
im Süden des Landes neuer Wohnraum für zahlreiche Zuwanderer entstand. Eine weitgehende Bevölkerungsumsiedlung und
-durchmischung – auch in konfessioneller Hinsicht – war die
sich daraus ergebende Konsequenz.

Was zunächst als Notprogramm zur Eingliederung der Heimatvertriebenen in Hessen gedacht war, formte sich mit der Zeit
zu einem Landesentwicklungsplan – eine in der Geschichte der
Bundesrepublik einmalige Verknüpfung. Insgesamt konnten
aufgrund der raumordnerischen Maßnahmen im Rahmen des
«Hessenplans» etwa 100 000 Heimatvertriebene mit Arbeits-
plätzen und Wohnungen versorgt werden. Relativ gesehen stand
Hessen damit hinsichtlich der für die wirtschaftliche Eingliederung der Heimatvertriebenen zur Verfügung gestellten Finanz-
beiträge länger als ein Jahrzehnt an der Spitze aller Bundeslän-
der. Die Leistungen der sich zusehends integrierenden Neubür-
ger stärkten darüber hinaus nachhaltig den mittelständischen
Charakter der hessischen Wirtschaft. Denn viele Vertriebene
brachten aus ihrer alten Heimat spezifische Fertigkeiten, Kennt-

nisse und Qualifikationen in Berufszweigen mit, die es in dieser
Form im neuen hessischen Lebensumfeld bis dahin nicht gegeben hatte – vom Musikinstrumentenbau (Bad Nauheim) bis zur
Glaserzeugung (Hadamar). Nach Ausweis der Statistik war im
Jahr 1950 jeder sechste Bürger Hessens (= 16,7%) ein Heimatvertriebener, und für 1953 läßt sich nachweisen, daß bei jeder
vierten Heirat in Hessen einer der beiden Ehepartner ein ehema-
liger Heimatvertriebener aus den deutschen Ostgebieten gewesen ist.

*Wirtschaft und Gesellschaft.* Der «Hessenplan» war freilich
nur Teil einer weitaus umfassenderen Infrastrukturpolitik, mit
der es der Regierung Zinn im Verlauf der 1950er und frühen
1960er Jahre gelang, dem Land – auch im bundesdeutschen Vergleich – überproportional hohe wirtschaftliche Wachstumsraten
zu sichern und die Arbeitslosenquote konstant auf einem Niveau von weniger als 2% zu halten. Hessens wirtschaftliche Entwicklung folgte in der Nachkriegszeit dem allgemeinen Trend
zum raschen Wiederaufschwung. Die konjunkturelle Erholung
vollzog sich derart vielversprechend, daß ab Ende der 1950er
Jahre ausländische Arbeitskräfte angeworben wurden, sogenannte «Gastarbeiter», vorerst aus Italien, Spanien und Grie-
chenland, später zunehmend aus der Türkei, aus Jugoslawien
und aus Portugal. Viele dieser Arbeitsmigranten ließen sich
dauerhaft in Hessen nieder. Lebten dort 1958 erst 7786 ausländische Arbeitnehmer, so waren es 1960 schon 25000, 1962 über
69000 und 1973, im Jahr des bundesdeutschen Anwerbestopps,
etwa 450000. Im Rahmen der damit verbundenen wirtschaftlichen Aufwärtsentwicklung Hessens gab es freilich eine Reihe
standortbedingter Besonderheiten. Der bevölkerungsreiche Süden des Landes konnte trotz der Verwüstungen, die der alliierte
Bombenkrieg dort hinterlassen hatte, seine traditionelle Rolle
als führendes Wirtschaftszentrum bald zurückgewinnen. Erneut
war es die Messe- und Bankenstadt Frankfurt am Main, von der
maßgebliche Impulse ausgingen. Die Amerikaner hatten dort
1945 im ehemaligen Verwaltungsgebäude der I. G. Farbenindustrie das Hauptquartier für ihre Besatzungszone errichtet, in

Frankfurt residierten zudem der *Wirtschaftsrat für das Vereinig-
te Wirtschaftsgebiet* der westlichen Alliierten, die bizonalen Ver-
waltungen sowie (seit 1948) die *Bank deutscher Länder* (seit
1957: *Deutsche Bundesbank*). Als Finanz- und Börsenplatz un-
umstritten, unterlag die Mainmetropole allerdings im Rennen
um die künftige Hauptstadt der Bundesrepublik, das im November 1949 vom Deutschen Bundestag zugunsten Bonns entschieden wurde. Gleichwohl blieb die Rhein-Main-Region mit ihrer
Automobilindustrie (Opelwerk Rüsselsheim) und ihren Che-
mieunternehmen (Farbwerke Hoechst) Hessens wichtigster Wirtschaftsraum, demgegenüber der Norden des Landes, bedingt
durch seine kleinteilige Wirtschaftsstruktur, seine geringere Be-
siedlungsdichte und seine Lage als Zonenrandgebiet, deutlich
ins Hintertreffen geriet. Die gezielte Infrastrukturförderungspo-
litik der Hessischen Landesregierung, etwa mittels Ansiedlung
des VW-Werkes Baunatal bei Kassel 1957 oder durch Subven-
tionierung des Kalibergbaus im Werra-Fulda-Gebiet, vermochte
das damit einhergehende Nord-Süd-Gefälle in den 1950er und
1960er Jahren nur partiell auszugleichen.

Ab 1957 avancierte Hessen zu einem der führenden «Geber-
länder» im deutschen Länderfinanzausgleich und trug über die
Jahre, noch vor Bayern und Baden-Württemberg, eine Haupt-
last dieses Ausgleichsfonds, übrigens bis heute. Mit dem «Großen Hessenplan» dehnte die Regierung Zinn die strukturpoliti-
schen und landesplanerischen Zielvorgaben seit 1965 dann auf
die Gesamtbevölkerung aus. Vorzeigeobjekte wurden nun die
vieldiskutierten «Dorfgemeinschaftshäuser» als symbolträch-
tige Einrichtungen der sozialen und technischen Aufrüstung des
Landlebens. Ihnen folgten die «Bürgerhäuser» in den Kommunen als Stätten sozialer Begegnung und kollektiven Gemein-
schaftslebens. Sie waren Ausdruck einer höchst populären, sich
spezifisch «hessisch» gebenden sozialdemokratischen Wohl-
fahrts- und Fürsorgepolitik unter dem zugkräftigen Wahlslogan
«Hessen vorn». Diese Politik war aus der Überzeugung geboren, daß der Staat durch ordnende Eingriffe, planendes Voraus-
denken und umfassende Regulierungsmechanismen die Zukunft
seiner Bürger langfristig zu garantieren vermochte.

*Bildung und Wissenschaft.* In der Ära Zinn stand Hessen über Jahrzehnte hinweg in dem Ruf, auch in den Bereichen von Bildung und Wissenschaft eine betont reformorientierte Politik zu betreiben. Tatsächlich beschritt man in Wiesbaden neue Wege und setzte charakteristische Akzente, hauptsächlich im Schulwesen. 1949 erließ Hessen als erstes Land der westlichen Besatzungszonen ein Gesetz zur Unterrichtsgeld- und Lehrmittelfreiheit. Jedem begabten Kind sollte – unabhängig von seiner sozialen Herkunft – der Besuch weiterführender Schulen ermöglicht werden. Später folgten die gesetzliche Einführung des Mitbestimmungsrechts der Eltern, der Aufbau eines zur Erlangung der Hochschulreife führenden «Zweiten Bildungswegs» (*Hessenkolleg*) sowie die flächendeckende Errichtung von «Mittelpunktschulen». Deren Aufgabe bestand darin, das in Hessen traditionell stark verbreitete Klein- und Zwergschulwesen zu überwinden und die Volks- und Realschulen ländlicher Gemeinden in kommunalen Zentren zusammenzufassen.

Die hessischen Hochschulen Marburg, Frankfurt am Main und Darmstadt waren bereits 1945/46, die Gießener Alma Mater 1957 wiedereröffnet worden. Sie alle erlebten zunächst eine Konsolidierungsphase, die weitgehend an die Universitätstraditionen der Weimarer Republik anknüpfte. Sichtbarster Ausdruck dieser Wiederanknüpfung war die Rückkehr des 1933 in die Emigration getriebenen *Instituts für Sozialforschung* an die Frankfurter Universität 1950. Nach der Wiedereröffnung 1951 wirkte das Institut unter der Leitung Max Horkheimers (1895–1973), stark gefördert vom Hessischen Kultusministerium, anfänglich im Sinne pro-amerikanischer antitotalitärer Konsensbildung. Später wurde Hessen dann auch im universitären Bereich zum Vorreiter einer allerdings nicht unumstrittenen Reformpolitik. Ab 1968/69 erfolgte die Installierung praxisbezogener Fachhochschulen mit berufsorientierten Studiengängen, deren Attraktivität dazu führen sollte, daß sie bald von jedem dritten Studienanfänger bevorzugt wurden. 1970 beschloß die damalige sozial-liberale Landesregierung die Gründung der Gesamthochschule Kassel als neuartigen Universitätstyp mit Modellcharakter, welcher ausbildungsübergreifende Lehrangebote präsentierte. Ein Ziel dieser Gründung war es, die unbefriedigende Hochschul-Infrastruktur in Nordhessen zu verbessern. Dieses Ziel wurde erreicht: In ganz Hessen betrug die Zahl der Studierenden 1970 noch 39073, heute (Sommersemester 2006) liegt sie bei 162260.

*Krise der Reformpolitik.* Ab Mitte der 1970er Jahre wurden die Grenzen des in der Ära Zinn grundgelegten und lange Zeit überaus erfolgreichen sozialplanerischen und vorsorgeorientierten Politikverständnisses der hessischen Sozialdemokraten sichtbar. Zinns Nachfolger Albert Osswald (1919–1996) versuchte zunächst, sein Regierungshandeln weiterhin an diesem Politikverständnis auszurichten, das einer staatsbürokratischen Elite vorausschauende Steuerungskompetenz zusprach. Bald jedoch, und in wachsendem Ausmaß, regte sich Kritik an solchem Vorgehen, dessen Finanzierbarkeit zunehmend in Frage stand. Gleichwohl wurden auch durch Osswald richtungweisende Reformen auf den Weg gebracht – unter seiner Verantwortung entstanden beispielsweise die *Hessische Stiftung für Friedens- und Konfliktforschung* sowie die *Hessische Zentrale für Datenverarbeitung* als seinerzeit modernstes Rechenzentrum der Bundesrepublik, dessen Aktivitäten überdies mit dem Erlaß des weltweit ersten Datenschutzgesetzes (1970) verbunden wurden. Umstritten blieb die von der Regierung Osswald in Gang gebrachte Verwaltungs- und Gebietsreform mit ihrer radikalen Reduzierung hessischer Gemeinden und Landkreise. Die kommunalen Neugliederungsgesetze von 1972 führten zu einer Verringerung der ursprünglich (1969) über 2600 hessischen Gemeinden auf eine zuletzt (1977) verbleibende Zahl von 417. Von den (1972) 39 hessischen Landkreisen blieben infolge von Zusammenschlüssen und Eingliederungen nach Beendigung der Gebietsreform 1977 noch 20 Landkreise übrig. Dadurch sollten eine Entbürokratisierung und Rationalisierung der Verwaltung, eine Intensivierung ihrer Leistungsfähigkeit und eine finanzielle Stärkung einzelner Regionen, insbesondere in Mittelhessen, erreicht werden. Angesichts heftiger und anhaltender Bürgerproteste sah sich die sozialdemokratische Landesregierung indes genötigt, manche hier über die Köpfe der Betroffenen hinweg gefällte Entscheidung wieder zurückzunehmen, etwa den 1977 verfügten Zusammenschluß von Wetzlar und Gießen zur Kunststadt «Lahn».

### 3. Politische und gesellschaftliche Umorientierungen

*Studentenprotest und Bildungsreform.* Im Verlauf der 1970er Jahre war es zunächst die Bildungs- und Wissenschaftspolitik, die den im Land bisher herrschenden gesellschaftlichen Konsens ins Wanken brachte. Die beiden hessischen Universitäten Marburg und Frankfurt am Main hatten sich bereits ab 1967 zu Mittelpunkten jener studentischen Protestbewegung entwickelt, die sich durch Störungen des Lehrbetriebs, Besetzungen von Instituten, Sitzstreiks und Psychoterror ihre fragwürdigen und bald bundesweit geläufigen Ausdrucksformen schuf. Die oftmals gewaltbereiten Protestierer beschränkten sich mit ihren Aktionen keineswegs auf den Bereich der Hochschulen. Auch der demokratische Staat mit seinen Institutionen wurde zum Ziel von Übergriffen radikalisierter Studenten und ihrer jugendlichen Anhängerschaft. Bestätigt sahen sich die Studenten in ihren Protesten durch namhafte, am Frankfurter *Institut für Sozialforschung* lehrende Wissenschaftler wie Theodor W. Adorno und Jürgen Habermas, die zunehmend marxistische Positionen bezogen und mit ihrer Sichtweise große öffentliche Resonanz sowohl in den Medien (*Hessischer Rundfunk, Frankfurter Hefte, Suhrkamp Verlag*) als auch in zahlreichen, um eine Neufundierung ihrer Erkenntnisinhalte bemühten Geisteswissenschaften fanden. Das kapitalistische System wurde als eine einseitig auf Ausbeutung und Unterdrückung des Menschen gerichtete gesellschaftliche Mißbildung kritisiert. An seine Stelle sollte eine wahrhaft humane Gesellschaft treten, ohne Herrschaft und Repression, selbstverantwortlich und befreit von allen vermeintlich autoritären Strukturen. Die «Kritische Theorie» der «Frankfurter Schule» lieferte mit alledem Stichworte für die von Teilen der Studentenbewegung geforderte revolutionäre Beseitigung der parlamentarischen Verfassungsordnung.

Im Gefolge dieser studentischen Protestbewegung ideologisierte sich auch die Diskussion über die Bildungspolitik der Hessischen Landesregierung, welche zunehmend utopische Ziele einzufordern begann. Kultusminister Ludwig von Friedeburg, ein Schüler Adornos, versuchte während seiner Amtszeit (1969–1974), den Vorstellungen der «Achtundsechziger» in der hessischen Schulentwicklungs- und Unterrichtsplanung konkrete Gestalt zu verleihen. Reformorientierte Leitbegriffe wie antiautoritäre Erziehung, Emanzipation, Mündigkeit, Aufklärung oder Chancengleichheit sollten in den Schulalltag übertragen werden, was zuweilen auch gelang, jedoch stets mit heftigen Auseinandersetzungen verbunden war. Das Konzept der «Integrierten Gesamtschule» sowie die «Rahmenrichtlinien für Deutsch und Gesellschaftslehre» wurden zu umstrittenen Programmpunkten in einer zunehmend gereizten Diskussion, die Anfang der 1970er Jahre bundesweite Beachtung fand und in großen Teilen der Elternschaft zu heftigen Protesten führte. Dort empfand man die zumeist von Vertretern der politischen Linken gewünschte Intensivierung des staatlichen Erziehungsauftrags als unangemessen. Ähnliches galt für die ab Ende der 1960er Jahre unter dem Motto «Hochschulreform» eingeleitete Neufassung der internen Strukturen der hessischen Universitäten. Die Fakultäten wurden in Fachbereiche umgewandelt, Studierende und Bedienstete erhielten mehr Mitbestimmungsrechte. Die bis dahin dominierende Stellung der Lehrstuhlinhaber wich einer Gleichberechtigung aller an der Universität Tätigen – also Professoren, Mitarbeiter und Studenten – bei Entscheidungen, welche die Hochschulen selbst betrafen.

*Aufstieg der Christdemokraten.* Es war nicht zuletzt die erst unter Friedeburgs Nachfolger, Kultusminister (von 1974 bis 1984) Hans Krollmann, in ruhigere Bahnen gelenkte Bildungspolitik, welche die um Rückbesinnung auf tradierte Werte bemühten bürgerlichen Gegenkräfte aktivierte und den in Hessen lange Zeit unangefochten regierenden Sozialdemokraten in der bisher eher randständigen CDU einen zunehmend an Profil gewinnenden Konkurrenten zur Seite stellte. Dies galt in verstärktem Maß, seitdem dort der dynamische und kämpferisch agierende Fuldaer Oberbürgermeister Alfred Dregger (1920–2002) 1967 den Parteivorsitz (bis 1982) übernommen hatte. Unter Dregger formierte sich die hessische CDU in wenigen Jahren – früher als alle anderen Landesverbände der Union – zu einer betont antisozialistisch-konservativen Alternative gegenüber der seit Anfang der 1970er Jahre gerade in Hessen stark nach links rückenden Sozialdemokratie. Zwischen den Landtagswahlen von 1966 und 1974 konnte die CDU in Hessen ihren Stimmenanteil von 26,4 Prozent auf 47,3 Prozent steigern. Fast ein Jahrzehnt lang blieb die Union stärkste politische Partei im einstmals «roten» Hessen.

*Umweltpolitik und Etablierung der «Grünen».* Zur Regierung gelangten die Christdemokraten in Wiesbaden jedoch vorerst nicht. Zunächst löste der aus Kassel stammende Betonfacharbeiter Holger Börner den 1976 wegen Milliardenverlusten der *Hessischen Landesbank* zurückgetretenen Albert Osswald als Ministerpräsident einer (seit 1970 erprobten und bis 1982 amtierenden) SPD-FDP-Koalition ab. Börners Politik war von dem Bemühen um Schaffung neuer Arbeitsplätze und um Sicherung der Energieversorgung im Land gekennzeichnet. Zur Erreichung dieses Zieles setzte die Koalition auf eine intensivere Nutzung der Kernenergie. Bald indes blies dem Landesvater der Wind aus unterschiedlichen Richtungen ins Gesicht. Neben der konservativen Opposition fühlten sich vor allem jene Bevölkerungsschichten durch die Regierungspolitik provoziert, die den Ausbau des umstrittenen Kernkraftwerks Biblis sowie die Erweiterung des Frankfurter Flughafens durch die projektierte «Startbahn 18 West» aus umweltpolitischen Gründen ablehnten. Es war dies die Geburtsstunde einer in Hessen besonders schlagkräftigen Umweltbewegung, als deren politischer Repräsentant die Partei der «Grünen» bei den Landtagswahlen von 1982 erstmals in das Wiesbadener Landesparlament einzog.

Das Programm der neuen Partei bestand zunächst aus einer Mischung wachstumskritischer und öko-pazifistischer Bekundungen. Ihre politische Weltanschauung spiegelte das Lebensge-

fühl einer damals jungen, nach gesellschaftlichem Wandel stre-
benden, aufbruchsorientierten Generation. Zunächst war die
Bereitschaft der «Grünen» gering, mit dem SPD-Minderheiten-
kabinett Holger Börners zusammenzuarbeiten, das nach dem
Auseinanderbrechen der sozial-liberalen Koalition geschäftsführend weiteramtierte. Nur zögernd und in steter Auseinandersetzung mit ihrem anfänglichen Selbstverständnis als Fundamen-
talopposition bildeten die «Grünen» mit der SPD in Hessen
schließlich im Dezember 1985 die erste «rot-grüne» Koalition
der Bundesrepublik auf Landesebene. Die Landespolitik erhielt
dadurch eine neuartige Ausrichtung. Jetzt standen, neben der
verstärkten Förderung sozialpolitischer Maßnahmen, besonders
Themen und Probleme der «multikulturellen Gesellschaft» sowie alternative Verkehrs- und Energiekonzepte im Vordergrund.
Joseph Martin Fischer, genannt «Joschka», für mehr als zwei
Jahrzehnte die unumstrittene Leitfigur der Umweltpartei, offen-
barte als frisch gebackener Hessischer Minister für Umwelt und
Energie freilich schon kurz nach seinem Amtsantritt ein gehöri-
ges Maß an Skepsis bezüglich einer längerfristigen Dauer der
doch allzu heterogenen Koalitionsregierung: «Das Seil ist doch
sehr dünn, auf dem ich tanze. Ob es überhaupt befestigt ist oder
ob ich mich bereits samt Seil im freien Sturz befinde, läßt sich
zur Stunde noch nicht ausmachen» (Heidenreich/Schacht 1996,
S. 275).

*CDU-Regierung und deutsche Vereinigung.* Fischers damalige
Skepsis war berechtigt – bereits nach gut einem Jahr war die
rot-grüne Regierungskoalition am Ende, weil den hessischen
«Grünen» die Einstellung der SPD zur Frage der Nutzung von
Kernenergie problematisch erschien. Bei den Landtagswahlen
von 1987 mußten die Sozialdemokraten das schlechteste Wahl-
ergebnis seit Gründung des Landes Hessen hinnehmen (40,2%).
Dies bot die Chance für einen politischen Wechsel, auf den die
hessische CDU (42,1%) seit Jahrzehnten gewartet hatte. Unter
ihrem (seit 1983) neuen Spitzenkandidaten, dem (seit 1986)
amtierenden Bundesumweltminister im Kabinett von Bundes-
kanzler Helmut Kohl und früheren Frankfurter Oberbürgermei-

ster Walter Wallmann, stellte sie in einer Koalition mit der FDP (7,8%) erstmals in der hessischen Nachkriegsgeschichte die Regierung – ohne Beteiligung der Sozialdemokraten.

Das Kabinett Wallmann profilierte sich hauptsächlich im Prozeß der deutschen Vereinigung 1989/90. Die Gelegenheit, das Land Hessen, dessen nördliche und östliche Regionen seit 1949 zur Rolle des «Zonenrandgebiets» verurteilt waren, erneut zu einer Kernregion Deutschlands zu machen, nutzte Wallmann Anfang Dezember 1989 mittels Auflegung eines *Aktionsprogramms Hessen-Thüringen*. Es stellte Finanzsummen in einer Höhe von 250 Millionen D-Mark bereit, um für fünf Jahre in Thüringen Projekte im Gesundheitswesen und im Umweltschutz sowie Maßnahmen zum Ausbau der Infrastruktur und zur Denkmalpflege zu unterstützen. Auch der Aufbau kleinerer Unternehmen wurde in diesem Rahmen gefördert. Hessen war das erste Bundesland, das einer benachbarten DDR-Region in dieser Art und Größenordnung unmittelbare Hilfestellung bot. Im Prozeß der Länderneubildung im Osten hat Hessen den drei thüringischen Bezirken Erfurt, Suhl und Gera dann in vielfältiger Weise Rat und Unterstützung beim Aufbau der für ein Bundesland erforderlichen Institutionen, Ämter und Behörden zuteil werden lassen. Daraus ergab sich eine bis heute anhaltende Kooperation zwischen den beiden Bundesländern, die vielfältige wirtschaftliche, soziale, kulturelle und bildungspolitische Bereiche umfaßt. Auch die Entscheidung, Frankfurt am Main – statt der neuen Bundeshauptstadt Berlin – zum endgültigen Sitz der *Deutschen Bundesbank* zu bestimmen, fiel in die Amtszeit Wallmanns, dessen Regierung damit der Mainmetropole die Anwartschaft auf die Beherbergung der *Europäischen Zentralbank* (realisiert ab 1. Januar 1999) als Hüterin der Wertstabilität des Euro sicherte.

*«Rot-Grüne» und «Schwarz-Gelbe» Koalitionen.* Nach den Landtagswahlen von 1991 und 1995 gelangten erneut die Sozialdemokraten unter Führung des ehemaligen Kasseler Oberbürgermeisters und späteren Bundesfinanzministers Hans Eichel zur Regierung, auch diesmal wieder in Koalition mit den «Grü-

nen», die bei den Wahlen jeweils deutlich vor der FDP ran-
gierten und zur drittstärksten politischen Kraft im Land he-
ranwuchsen (1991: 8,8%; 1995: 11,2%). Die wiederbelebte
«rot-grüne» Koalition versuchte dem gewandelten gesellschaftspolitischen Klima der beginnenden 1990er Jahre Rechnung zu
tragen. Fünf der insgesamt neun Ministerien wurden jetzt von
Frauen geleitet – darunter auch das im April 1991 neu geschaffene Ministerium für Frauen, Arbeit und Sozialordnung, über
dessen Errichtung schon seit Anfang der 1980er Jahre diskutiert
worden war. Die Regierung Eichel setzte Akzente im Rahmen
ambitionierter Wohnungsbauprogramme und Umweltprojekte
und traf weitreichende Maßnahmen auf familienpolitischem
Gebiet. Auch die Förderung des Technologietransfers sowie ein
Frauengleichberechtigungsgesetz konnten unter Ministerpräsident Eichel auf den Weg gebracht werden. Ende 1993 inkraft-
getreten, zielte dieses Gesetz darauf ab, in allen Bereichen und
Ebenen der öffentlichen Verwaltung den Frauenanteil mittels
einer «Quotenregelung» zu erhöhen.

1999 wurde dann allerdings das zweite «rot-grüne» Kabinett Eichel durch ein knappes Wählervotum zugunsten einer
«schwarz-gelben» Regierung unter dem nunmehrigen CDU-Mi-
nisterpräsidenten Roland Koch und der FDP-Vorsitzenden Ruth
Wagner als erster Frau im Amt der Vize-Ministerpräsidentin ab-
gelöst. Nach Erringung der absoluten Mehrheit durch die CDU
(48,8%) bei den Landtagswahlen 2003 amtiert Roland Koch
als Ministerpräsident einer christdemokratischen Alleinregierung.

*Perspektiven: Bildungs-, Integrations- und Kulturpolitik.* Die
CDU-geführte Landesregierung hat sich eine Reihe von Priori-
täten gesetzt, wobei mittlerweile gewisse Akzentverlagerungen
vom ersten zum zweiten Kabinett Koch zu beobachten sind.
Standen zunächst Fragen der schulischen Unterrichtsgarantie
und Probleme der inneren Sicherheit im Mittelpunkt – seit 1999
wurden 2900 Lehrer- und 1600 Referendarstellen neu geschaffen, Hessen verfügt heute über die bestausgestattete Polizei und
über das modernste Polizeirecht Deutschlands –, so gewann

nach 2003 die Wirtschafts- und Beschäftigungspolitik zunehmenden Vorrang. Auch wenn die Arbeit der gegenwärtigen Landesregierung unter dem erhöhten Druck finanzieller Einsparungen im Landeshaushalt steht, verfolgt sie weiterhin das ambitionierte Ziel, Hessen vor allem im Bildungs- und Wissenschaftsbereich zum Spitzenreiter im gesamtdeutschen Vergleich zu machen. Dabei verdient die von der Hessischen Landesregierung 2003 geschaffene *Internatsschule Schloß Hansenberg* im Rheingau besondere Beachtung. Von diesem Oberstufengymnasium gehen schon jetzt wichtige Impulse für die Schullandschaft der gesamten Bundesrepublik aus, weil es in einer beispielhaften Zusammenarbeit von Land und Wirtschaft leistungsstarken Schülern die Chance kürzerer Schulzeiten, gezielter Förderung und frühzeitiger Verbindung von Theorie und Praxis im Unterricht ermöglicht.

Zu den bildungspolitischen Herausforderungen gehört darüber hinaus auch das Bemühen um die Integration der in Hessen lebenden Zuwanderer. Hier hat das Kabinett Koch 2002 ein Programm zum Erwerb deutscher Sprachkenntnisse für ausländische Kinder im Vorschulalter aufgelegt und bereits im Jahr 2000 – als deutschlandweit einmaliges Gremium – einen *Integrationsbeirat* installiert, der im Zusammenwirken mit der Landesregierung aktuelle Fragen und Probleme der in Hessen lebenden nichtdeutschen Bürger diskutiert und zu lösen versucht. Immerhin verzeichnet Hessen heute mit etwa 745 000 Personen (= 12,4% der Gesamtbevölkerung) den größten Ausländeranteil aller deutschen Flächenstaaten – «Gastarbeiter» der ersten Generation und Zuwanderer aus Osteuropa ebenso wie Asylbewerber, Kriegsflüchtlinge und illegale Migranten aus Ländern der Dritten Welt. Frankfurt am Main ist (2004) mit über 167 000 Einwohnern nichtdeutscher Herkunft (= 26% der Wohnbevölkerung) die Stadt mit der höchsten Ausländerquote Deutschlands.

Auf dem Feld der Kulturpolitik bündelte in den vergangenen Jahrzehnten indes weniger das Land Hessen als vielmehr die Regsamkeit der großen Kommunen und ehemaligen Landeshauptstädte Kassel, Darmstadt und Frankfurt einen erheblichen

Teil entsprechender Aktivitäten. Dazu zählen die *Kasseler Mu-
siktage* ebenso wie die *Darmstädter Tage für Neue Musik* oder
das *Deutsche Jazzfestival* in Frankfurt am Main. Kassel hat
sich darüber hinaus zu einem weltweit beachteten Zentrum
der Gegenwartskunst entwickelt. Denn seit 1955 findet hier
aller vier bis fünf Jahre die *documenta* statt, die renommierteste
und erfolgreichste Ausstellung zeitgenössischer Weltkunst in
Deutschland. Auf Anregung von Arnold Bode (1900–1977),
Professor für Malerei an der Kasseler Akademie, war das durch
alliierte Bomben zerstörte und nur provisorisch instandgesetzte
Kasseler *Museum Fridericianum* 1955 zu einem Präsentations-
ort für Werke der vom Nationalsozialismus verfemten künst-
lerischen Avantgarde hergerichtet worden. Aus der einmaligen
Bestandsaufnahme wurde mit den Jahren eine Dauereinrichtung
zur gesamten Weltkunst des 20. Jahrhunderts. Sie hat bisher elf-
mal stattgefunden, kann auf eine enorme Besucherzahl (2002:
650 000) zurückblicken und international beachtete Höhepunk-
te verzeichnen. Daß darüber hinaus auch kleinere Orte in Hessen zu Mittelpunkten kultureller Großereignisse werden konnten, zeigen die *Bad Hersfelder Festspiele.* Sie wurden 1951 ins
Leben gerufen – in einer damals als «Zonenrandgebiet» geltenden, tatsächlich jedoch im Zentrum Deutschlands gelegenen
nordhessischen Kleinstadt. Die Ruine der 1761 von französischen Soldaten zerstörten Hersfelder Klosterkirche dient alljährlich als effektvoller Hintergrund für festliche szenische Ver-
anstaltungen, Opern und Konzerte unter freiem Himmel mit
inzwischen rund 100 000 Besuchern in jeder Saison.

*Hessen – heute und morgen.* Heute, mehr als sechzig Jahre nach
Gründung des Landes Hessen, dürfte sich bei den allermeisten
seiner Bewohner jenes gesamthessische Empfinden eingestellt
haben, das die Gründerväter von 1945 einst angestrebt hatten.
Die alten territorialen, überwiegend dynastisch bedingten Grenzen sind durchlässig geworden – wohl auch infolge der während
der Nachkriegszeit einsetzenden wirtschaftlichen und sozialen
Durchmischungsprozesse und Wanderungsbewegungen. Zur erfolgreichen Formierung dieser «gesamthessischen» Identität ha-

ben nicht zuletzt die seit 1961 alljährlich an wechselnden Orten im Land stattfindenden *Hessentage* beigetragen. Die damalige Hessische Landesregierung wollte mit diesem Treffen regional und lokal engagierter Vereine, Gruppen und Organisationen das gemeinsame Landes- und Heimatbewußtsein aller hessischen Bürger stärken. Es sollte – mit den Worten Georg August Zinns anläßlich seiner Festrede zum Ersten Hessentag in Alsfeld 1961 – jenes «neue Staatsbewußtsein» befördert werden, «das aus dem Zusammenschluß der Waldecker, der Kurhessen, der Nassauer, der Darmstädter Hessen und der Bürger der Freien Reichsstadt Frankfurt entstand ..., das aus der gemeinsamen Aufgabe, eine neue staatliche Ordnung zu schaffen, entsprungen ist» (Stein 1976, S. 149). Toleranz, Geistesfreiheit und Bürgerstolz – so Zinn damals weiter – sollten die weithin sichtbaren Merkmale des Landes Hessen sein. Man darf, gerade im Rückblick auf die in diesem Buch skizzierten historischen Ereignisse und Entwicklungslinien, mit einiger Zuversicht der Hoffnung Ausdruck verleihen, daß diese Merkmale auch den zukünftigen Charakter Hessens prägen und auszeichnen werden.

# Literatur

*Clemens Albrecht* u. a.: Die intellektuelle Gründung der Bundesrepublik. Eine Wirkungsgeschichte der Frankfurter Schule. Frankfurt a. M., New York 1999.

*Peter Assion*: Von Hessen in die Neue Welt. Eine Sozial- und Kulturgeschichte der hessischen Amerikaauswanderung. Frankfurt a. M. 1987.

*Inge Auerbach*: Auswanderung aus Kurhessen. Nach Osten oder Westen. Marburg 1993.

*Dies.*: Die Hessen in Amerika 1776–1783. Marburg 1996.

*Fritz Backhaus/Heike Drummer/Jutta Zwilling (Hrsg.)*: «und keiner hat für uns Kaddisch gesagt ...» – Deportationen aus Frankfurt am Main 1941–1945. Katalog zur Ausstellung im Jüdischen Museum Frankfurt. Frankfurt a. M. 2004.

*Gerd Bauer/Heiner Boehncke/Hans Sarkowicz*: Die Geschichte Hessens. Von der Steinzeit bis zum Neubeginn nach 1945. Frankfurt a. M. 2002.

*Gerhard Beier*: Arbeiterbewegung in Hessen. Zur Geschichte der hessischen Arbeiterbewegung durch 150 Jahre (1834–1984). Frankfurt a. M. 1984.

*Helmut Berding*: Napoleonische Herrschafts- und Gesellschaftspolitik im Königreich Westfalen 1807–1813. Göttingen 1973.

*Andreas C. Bimmer* (Hrsg.): Hessen und Thüringen. Kulturwissenschaftliche Bilanz und Perspektive. Marburg 1992.

*Klaus Böhme/Walter Mühlhausen* (Hrsg.): Hessische Streiflichter. Beiträge zum 50. Jahrestag des Landes Hessen. Frankfurt a. M. 1995.

*W. v. Both/H. Vogel*: Landgraf Wilhelm VIII. von Hessen-Kassel. Ein Fürst der Rokokozeit. München 1964.

*Diess.*: Landgraf Friedrich II. von Hessen-Kassel. Ein Fürst der Zopfzeit. München 1973.

*Ludwig Brake*: Die ersten Eisenbahnen in Hessen. Eisenbahnbau und Eisenbahnpolitik in Frankfurt, Hessen-Darmstadt, Kurhessen und Nassau bis 1866. Wiesbaden 1991.

*H. Burmeister* (Hrsg.): Friedrich König von Schweden. Landgraf von Hessen-Kassel. Hofgeismar 2003.

*Karl E. Demandt*: Geschichte des Landes Hessen. Kassel 1980.

*Ders.*: Die hessischen Landstände im Zeitalter des Frühabsolutismus. In: Hessisches Jahrbuch für Landesgeschichte 15 (1965), S. 38 ff.

*Ders.*: Die Grafschaft Katzenelnbogen und ihre Bedeutung für die Landgrafschaft Hessen. In: Rheinische Vierteljahresblätter. 29 (1964), S. 73 ff.

*Jochen Desel/Walter M*ogk: Die Hugenotten und Waldenser in Hessen-Kassel. Kassel 1978.

*Heike Drummer/Jutta Zwilling*: Elisabeth Schwarzhaupt. Eine Biographie. In: Die Hessische Landesregierung (Hrsg.): Elisabeth Schwarzhaupt (1901–1986). Portrait einer streitbaren Politikerin und Christin. Freiburg/Basel/Wien 2001, S. 14–136.

*Dies.*: Elisabeth Selbert. Eine Biographie. In: Die Hessische Landesregierung (Hrsg.): «Ein Glücksfall für die Demokratie». Elisabeth Selbert (1896–1986). Die große Anwältin der Gleichberechtigung. Frankfurt a. M. 1999, S. 9–160.

*Kasimir Edschmid*: Hessen. Porträt eines Landes. Hannover 1967.

*Hans Eichel/Klaus Peter Möller* (Hrsg.): 50 Jahre Verfassung des Landes Hessen. Eine Festschrift. Wiesbaden 1997, S. 202–226.

*Volker Eichler*: Herzogtum Nassau: 1806–1866. Politik, Wirtschaft, Kultur. Eine Ausstellung des Landes Hessen und der Landeshauptstadt Wiesbaden. Wiesbaden 1981.

*Klaus Eiler* (Hrsg.): Hessen im Zeitalter der industriellen Revolution. Frankfurt a. M. 1984.

*Ulrich Eisenbach/Gerd Hardach* (Hrsg.): Reisebilder aus Hessen, Fremdenverkehr, Tourismus und Kur seit dem 18. Jahrhundert. Darmstadt 2001.

*Patricia Fedler*: Anfänge der staatlichen Kulturpolitik in Hessen nach dem Zweiten Weltkrieg (1945–1955). Schule, Erwachsenenbildung, Kunst und Theater im Spannungsfeld zwischen amerikanischer Reeducationpolitik und deutscher Kulturtradition. Wiesbaden 1993.

*Roman Fischer*: Frankfurts Beitrag für das heutige Hessen. Wiesbaden 1990.

*Eckhart G. Franz* (Hrsg.): Erinnertes. Aufzeichnungen des letzten Großherzogs Ernst Ludwig von Hessen und bei Rhein. Darmstadt 1983.

*Ders.* (Hrsg.): Die Chronik Hessens. Dortmund 1991.

*Ders.*: Von Hessengau und «Terra Hassia» zum heutigen Land Hessen. Wiesbaden 2003.

*Ders.*: Das Haus Hessen. Eine europäische Familie. Stuttgart 2005.

*Ders.*: Der erste und der letzte Großherzog von Hessen. Fürstliche Kunstförderung in Darmstadt. In: K. F. Werner (Hrsg.): Hof, Kultur und Politik im 19. Jahrhundert. Bonn 1985, S. 291 ff.

*Ders.*: Landgraf Philipp der Großmütige. Fürst, Staat und Kirche im Umbruch vom Mittelalter zur Neuzeit. In: ZHG 109 (2004), S. 1–12.

*Ders.*: Hessen von den Anfängen bis ins 20. Jahrhundert. In: Werner Künzel/Werner Rellecke (Hrsg.): Geschichte der deutschen Länder. Entwicklungen und Traditionen vom Mittelalter bis zur Gegenwart. Münster 2005, S. 185–208.

*Ders./Karl Murk* (Hrsg.): Verfassungen in Hessen 1807–1946. Darmstadt 1998.

*Michael Gockel* (Hrsg.): Aspekte thüringisch-hessischer Geschichte. Marburg 1992.

*T. Gräf*: Konfession und internationales System. Die Außenpolitik Hessen-Kassels im konfessionellen Zeitalter. Marburg 1993.

*Michael Th. Greven/ Hans-Gerd Schumann* (Hrsg.): 40 Jahre Verfassung – 40 Jahre Politik in Hessen. Opladen 1989.

*W. Gunzert*: Darmstadt zur Goethezeit. Portraits, Kulturbilder, Dokumente zwischen 1770 und 1830. Darmstadt 1982.

*Gerd Hardach*: Wirtschaftspolitik und wirtschaftliche Entwicklung in Hessen 1866–1945. In: Hessisches Jahrbuch für Landesgeschichte 43 (1993), S. 205–236.

*Bernd Heidenreich* (Hrsg.): Fürstenhof und Gelehrtenrepublik. Hessische Lebensläufe des 18. Jahrhunderts. Wiesbaden 1996.

*Ders.* (Hrsg.): Aufklärung in Hessen. Facetten ihrer Geschichte. Wiesbaden 1999.

*Ders.* (Hrsg.): Geist und Macht. Die Brentanos. Wiesbaden 2000.

*Ders./Klaus Böhme* (Hrsg.): Hessen. Verfassung und Politik. Stuttgart/Berlin/Köln 1997.

*Diess.* (Hrsg.): «Einigkeit und Recht und Freiheit». Die Revolution von 1848/49 im Bundesland Hessen. Opladen / Wiesbaden 1999.

*Diess.* (Hrsg.): Hessen. Geschichte und Politik. Stuttgart 2000.

*Diess.* (Hrsg.): Hessen. Land und Politik. Stuttgart 2003.

*Ders./Ewald Grothe* (Hrsg.): Kultur und Politik – Die Grimms. Frankfurt a. M. 2003.

*Ders./Konrad Schacht* (Hrsg.): Hessen – eine politische Landeskunde. Stuttgart 1993.

*Diess.* (Hrsg.): Hessen. Gesellschaft und Politik. Stuttgart 1995.

*Diess.* (Hrsg.): Hessen. Wahlen und Politik. Stuttgart Berlin Köln 1996.

*Ders./Walter Mühlhausen* (Hrsg.): Einheit und Freiheit. Hessische Persönlichkeiten und der Weg zur Bundesrepublik Deutschland. Wiesbaden 2000.

*Christiane Heinemann* (Hrsg.): Neunhundert Jahre Geschichte der Juden in Hessen. Beiträge zum politischen, wirtschaftlichen und kulturellen Leben. Wiesbaden 1983.

*Walter Heinemeyer* (Hrsg.): Das Werden Hessens. Marburg 1986.

*Ders.*: Philipp der Großmütige und die Reformation in Hessen. Gesammelte Aufsätze zur hessischen Reformationsgeschichte. Hrsg. von Hans-Peter Lachmann, Hans Schneider, Fritz Wolff. Marburg 1997.

*Eike Hennig* (Hrsg.): Hessen unterm Hakenkreuz. Studien zur Durchsetzung der NSDAP in Hessen. Frankfurt a. M. 1983.

*Hans Herder*: Hessisches Auswandererbuch. Berichte, Chroniken und Dokumente zur Geschichte hessischer Einwanderer in den Vereinigten Staaten. Frankfurt a. M. 1983.

*Hessisches Hauptstaatsarchiv* (Hrsg.): «Unsere Aufgabe heißt Hessen» – Georg August Zinn. Ministerpräsident 1950–1969. Katalog zur Ausstellung des Hessischen Hauptstaatsarchivs im Auftrag der Hessischen Landesregierung. Wiesbaden 2001.

*Georg Heuberger* (Hrsg.): Die Rothschilds. Eine europäische Familie. 2 Bde. Ausstellungskatalog. Sigmaringen 1994.

*Alfred Höck* (Hrsg.): Judaica Hassiaca. Gießen 1979.

*Michael Hollmann/Michael Wettengel*: Nassaus Beitrag für das heutige Hessen. Wiesbaden 1992.

*Carl-Ludwig Holtfrerich*: Finanzplatz Frankfurt. Von der mittelalterlichen Messestadt zum europäischen Bankenzentrum. München 1999.

*Franz-Anton Kadell*: Die Hugenotten in Hessen-Kassel. Darmstadt/Marburg 1980.

*Ernst Karpf*: «Und mache es denen hienächst Ankommenden nicht so schwer ...» Kleine Geschichte der Zuwanderung nach Frankfurt am Main. Frankfurt a. M. 1993.

*Gottfried Kiesow*: Baukunst in Hessen. Von der Romanik zur Moderne. Hrsg. vom Hessischen Ministerium für Wissenschaft und Kunst. Stuttgart 2000.

*Rudolf Knappe*: Mittelalterliche Burgen in Hessen. Gudensberg-Gleichen 1994.

*Renate Knigge-Tesche/Axel Ulrich* (Hrsg.): Verfolgung und Widerstand in Hessen 1933–1945. Frankfurt a. M. 1996.

*M. Knodt*: Ernst Ludwig Großherzog von Hessen und bei Rhein. Sein Leben und seine Zeit. Darmstadt 1978.

*Klaus Kopp*: Nassau und Oranien. Ihre geschichtliche Rolle in Westeuropa. Wiesbaden 1998.

*Frank-Lothar Kroll*: Heinrich von Brentano. Ein biographisches Porträt. In: Roland Koch (Hrsg.): Heinrich von Brentano – Ein Wegbereiter der europäischen Integration. München 2004, S. 25–65.

*Ders./Bernd Heidenreich* (Hrsg.): Wahl und Krönung. Frankfurt a. M. 2006.

*Ders.*: Hessen – eine starke Geschichte. Darmstadt 2006.

*Wolf-Arno Kropat*: Reichskristallnacht. Das Judenpogrom vom 7. bis zum 10. November 1938. Urheber, Täter, Hintergründe. Wiesbaden 1997.

*Ingrid Krupp*: Burgen und Schlösser in Hessen-Nassau. Würzburg 1987.

*Thomas Lange*: Hessen-Darmstadts Beitrag für das heutige Hessen. Wiesbaden 1993.

*Ingrid Langer/Ulrike Ley/Susanne Sander (Hrsg.)*: Alibi-Frauen? Hessische Politikerinnen Bd. I–III, Frankfurt a. M. 1994–1996.

*Franz Lerner*: Wirtschafts- und Sozialgeschichte des Nassauer Raumes 1816–1964. Wiesbaden 1965.

*Ph. Losch*: Geschichte des Kurfürstentums Hessen. 1803–1866. Marburg 1922.

*Ders.*: Kurfürst Wilhelm I. Landgraf von Hessen. Marburg 1923.

*Ders.*: Der letzte Kurfürst Friedrich Wilhelm I. von Hessen. Marburg 1937.

*Gerhard Menk*: Die Hohe Schule Herborn in ihrer Frühzeit (1584–1660). Ein Beitrag zum Hochschulwesen des deutschen Kalvinismus im Zeitalter der Gegenreformation. Wiesbaden 1981.
*Ders. (Hrsg.)*: Landgraf Moritz der Gelehrte. Ein Kalvinist zwischen Politik und Wissenschaft. Marburg 2000.
*Ders.*: Waldecks Beitrag für das heutige Hessen. Wiesbaden 2001².
*Rolf Messerschmidt*: Aufnahme und Integration der Vertriebenen und Flüchtlinge in Hessen. Wiesbaden 1994.
*Matthias Meusch*: Von der Diktatur zur Demokratie. Fritz Bauer und die Aufarbeitung der NS-Verbrechen in Hessen (1956–1968). Wiesbaden 2001.
*Peter Moraw/Walter Heinemeyer* (Hrsg.): Hessen und Thüringen. Von den Anfängen bis zur Reformation. Eine Ausstellung des Landes Hessen. Ausstellungskatalog Marburg 1992.
*Walter Mühlhausen*: «… die Länder zu Pfeilern machen …» – Hessens Weg in die Bundesrepublik Deutschland 1945–1949. Wiesbaden 1989.
*Karlheinz Müller*: Literarische Spaziergänge in Darmstadt. Darmstadt 1993.
Nassau und **Preußen** (1866–1900). Ausstellung anlässlich des 100jährigen Bestehens d. Hess. Hauptstaatsarchivs, Wiesbaden 1981.


*M. A. Panzer*: Die Große Landgräfin Caroline von Hessen-Darmstadt (1721–1774). Regensburg 2005.
*Antonio Peter/Werner Wolf* (Hrsg.): Arbeit, Amis, Aufbau. Alltag in Hessen 1949–1955. Frankfurt a. M. 1989.
*Hans Philippi*: Landgraf Karl von Hessen-Kassel. Ein deutscher Fürst der Barockzeit. Marburg 1976.
*Ders.*: Das Haus Hessen. Ein europäisches Fürstengeschlecht. Kassel 1983.

*Hans Sarkowicz*: So sahen sie Hessen. Eine kulturgeschichtliche Reise in zeitgenössischen Bildern. Stuttgart 1988.
*Ders./Ulrich Sonnenschein* (Hrsg.): Die großen Hessen. Frankfurt a. M./ Leipzig 1996.
*Konrad Schacht* (Hrsg.): Hessen 1945. Demokratischer Neubeginn zwischen Utopie und Pragmatismus. Ergebnisse der Fachtagung der Hessischen Landeszentrale für politische Bildung am 4. und 5. Mai 1995 in Wiesbaden. Wiesbaden 1996.
*Theodor Schieffer*: Winfrid Bonifatius und die christliche Grundlegung Europas. Freiburg 1954.
*Wolfgang Schivelbusch*: Intellektuellendämmerung. Zur Lage der Frankfurter Intelligenz in den zwanziger Jahren. Frankfurt a. M. 1982.
*Franz H. Schlung*: Sozialgeschichte des Schulwesens in Hessen-Kassel. Kassel 1987.

*Jean Schoos*: Die Herzöge von Nassau als Großherzöge von Luxemburg. Zur Geschichte und verfassungsrechtlichen Entwicklung einer konstitutionellen Monarchie im 20. Jahrhundert. In: Nassauische Annalen 95 (1984), S. 173–192.

*Uwe Schulz* (Hrsg.): Die Geschichte Hessens. Stuttgart 1983.

*Fred Schwindt*: Stamm – Territorium – Land. Kontinuität und Wandel im Namen «Hessen». In: Blätter für deutsche Landesgeschichte 121 (1985), S. 69–82.

*Stephan Skalweit*: Der Homburger Landgrafenhof. In: Christoph Jamme/Otto Pöggeler (Hrsg.): Homburg auf der Höhe in der deutschen Geistesgeschichte. Studien zum Freundeskreis um Hegel und Hölderlin. Stuttgart 1981, S. 25–47.

*Erwin Stein*: Keine Geschichte Hessens. Bad Homburg, Berlin, Zürich 1964.

*Ders.* (Hrsg.): 30 Jahre Hessische Verfassung 1946–1976. Wiesbaden 1976.

*Struck, Wolf-Heino*: Zur ideenpolitischen Vorbereitung des Bundeslandes Hessen. In: Hessisches Jahrbuch für Landesgeschichte 20 (1970), S. 282–324.

*Karl-Hermann Wegner*: Kurhessens Beitrag für das heutige Hessen. Wiesbaden 1995.

*Michael Wettengel*: Die Revolution von 1848/49 im Rhein-Main-Raum. Politische Vereine und Revolutionsalltag im Großherzogtum Hessen, Herzogtum Nassau und in der Freien Stadt Frankfurt. Wiesbaden 1989.

*M. Wierichs*: Napoleon und das «Dritte Deutschland» 1805/06. Die Entstehung der Großherzogtümer Baden, Berg und Hessen. Frankfurt 1978.

*Ulla Wischermann* (Hrsg.): Staatsbürgerinnen zwischen Partei und Bewegung. Frauenpolitik in Hessen 1945–1955. Frankfurt a. M. 1993.

*Rainer Wohlfeil*: Napoleonische Modellstaaten. In: Wolfgang v. Groote (Hrsg.): Napoleon I. und die Staatenwelt seiner Zeit. Freiburg 1969, S. 33–57.

*Catherine Yon*: Das Refuge auf dem Lande: Das Beispiel Hessen. In: Rudolf von Thadden/ Michelle Magdelaine (Hrsg.): Die Hugenotten 1685–1985. München 1985, S. 127–145.

# Regententabelle

### Landgrafschaft und Kurfürstentum Hessen

| | |
|---|---|
| 1265–1308 | Heinrich I. |
| 1308–1328 | Otto |
| 1328–1376 | Heinrich II. |
| 1376–1413 | Hermann |
| 1413–1458 | Ludwig I. |
| 1458–1471 | Ludwig II. |
| 1471–1493 | Wilhelm I. |
| 1493–1509 | Wilhelm II. |
| 1509–1567 | Philipp |

### Landgrafschaft und Kurfürstentum Hessen-Kassel

| | |
|---|---|
| 1567–1592 | Wilhelm IV. |
| 1592–1627 | Moritz |
| 1627–1637 | Wilhelm V. |
| 1637–1663 | Wilhelm VI. |
| 1663–1670 | Wilhelm VII. |
| 1670–1730 | Carl |
| 1730–1751 | Friedrich I. |
| 1751–1760 | Wilhelm VIII. |
| 1760–1785 | Friedrich II. |
| 1785–1821 | Wilhelm IX. (als Kurfürst seit 1803: Wilhelm I.) |
| 1821–1831/1847 | Wilhelm II. |
| 1831/1847–1866 | Friedrich Wilhelm I. |

### Landgrafschaft und Großherzogtum Hessen-Darmstadt

| | |
|---|---|
| 1567–1596 | Georg I. |
| 1596–1626 | Ludwig V. |
| 1626–1661 | Georg II. |
| 1661–1678 | Ludwig VI. |
| 1678 | Ludwig VII. |
| 1678–1739 | Ernst Ludwig |
| 1739–1768 | Ludwig VIII. |
| 1768–1790 | Ludwig IX. |

| 1790–1830 | Ludwig X. (als Großherzog seit 1806: Ludewig I.) |
| 1830–1848 | Ludwig II. |
| 1848–1877 | Ludwig III. |
| 1877–1892 | Ludwig IV. |
| 1892–1918 | Ernst Ludwig |

### Landgrafschaft Hessen-Homburg

| 1622–1638 | Friedrich I. |
| 1638–1648 | Margaretha Elisabetha |
| 1648–1669 | Wilhelm Christoph |
| 1669–1671 | Georg Christian |
| 1680–1708 | Friedrich II. |
| 1708–1746 | Friedrich III. |
| 1746–1751 | Friedrich IV. |
| 1751–1766 | Louise Ulrike |
| 1766–1820 | Friedrich V. Ludwig |
| 1820–1829 | Friedrich VI. Joseph |
| 1829–1839 | Ludwig |
| 1839–1846 | Philipp |
| 1846–1848 | Gustav |
| 1848–1866 | Ferdinand |

### Fürstentum Waldeck

| 1712–1728 | Friedrich Anton Ulrich |
| 1728–1763 | Karl August Friedrich |
| 1763–1812 | Friedrich Karl August |
| 1812–1813 | Georg |
| 1813–1845 | Georg-Heinrich |
| 1845–1893 | Georg Victor |
| 1893–1918 | Friedrich |

### Regierungschefs des Volksstaates Hessen

| 1918–1928 | Carl Ulrich |
| 1928–1933 | Bernhard Adelung |
| 1933 | Ferdinand Werner |
| 1933–1935 | Philipp Wilhelm Jung |
| 1935–1945 | Jakob Sprenger |
| 1945 | Ludwig Bergsträsser |

## Ministerpräsidenten des Bundeslandes Hessen

| | |
|---|---|
| 1945–1947 | Karl Geiler (parteilos) |
| 1947–1951 | Christian Stock (SPD) |
| 1951–1969 | Georg August Zinn (SPD) |
| 1969–1976 | Albert Osswald (SPD) |
| 1976–1987 | Holger Börner (SPD) |
| 1987–1991 | Walter Wallmann (CDU) |
| 1991–1999 | Hans Eichel (SPD) |
| Seit 1999 | Roland Koch (CDU) |

# Register

## I. Personen

## 2. Orte und Landschaften

## 3. Wörter und Sachen

Hessen nach 1866

## Map labels

**Inset (top left):** Gft. Schaum-burg · Rinteln · Pyrmont

**Main map place names:**
Göttingen · Hofgeismar · Arolsen · Kassel · Witzenhausen · Korbach · Reg.-Bez. · Fritzlar · Eschwege · Eisenach · Frankenberg · Homberg · Rotenburg · Biedenkopf · Treysa · Kassel · Hersfeld · Siegen · Marburg · Alsfeld · Schmalkalden · Dillenburg · Prov. · Lauterbach · Gießen · Oberhessen · Fulda · Reg.-Bez. · Wetzlar · Gersfeld · Montabaur · Weilburg · Butzbach · Bad Nauheim · Koblenz · Limburg · Usingen · Friedberg · Büdingen · Idstein · Bad Homburg · St. Goar · Wiesbaden · Frankfurt · Orb · Wiesbaden · Höchst · Hanau · Rüsselsheim · Offenbach · Aschaffenburg · Bingen · Mainz · Prov. · Dieburg · Prov. · Darmstadt · Rhein-hessen · Starkenburg · Alzey · Heppenheim · Erbach · Worms · Wimpfen · Mannheim · Ludwigs-hafen · Heidelberg

**Rivers:** Weser · Werra · Lahn · Fulda · Main · Rhein · Neckar

**Legend:**
KGR. PREUSSEN
Prov. Hessen-Nassau
Kreis Wetzlar (bis 1932 Rheinprovinz)
Ghzt. Hessen (-Darmstadt)
Ft. Waldeck-Pyrmont
- - - Bezirksgrenze
—— heutige Landesgrenze
0          50 km